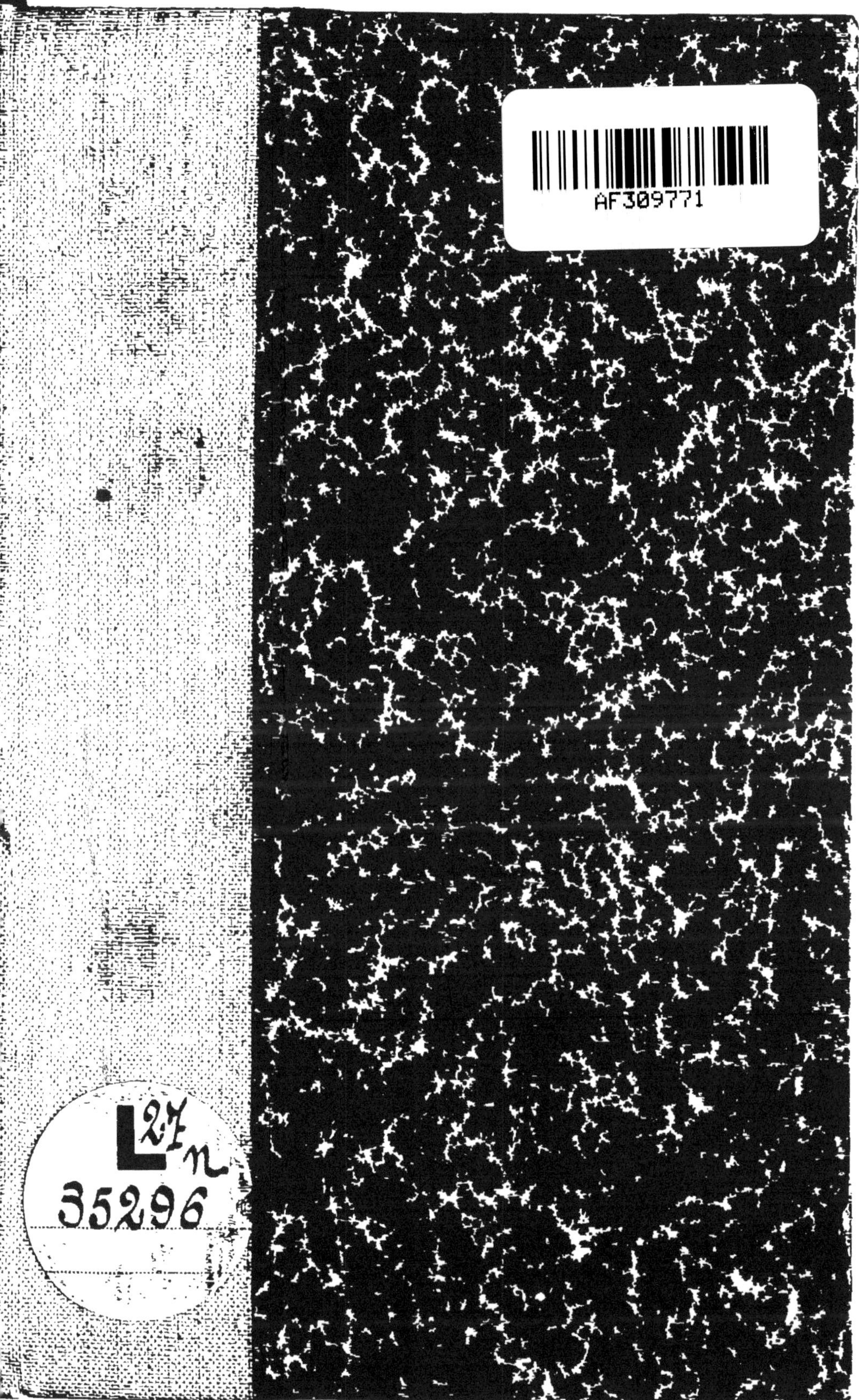

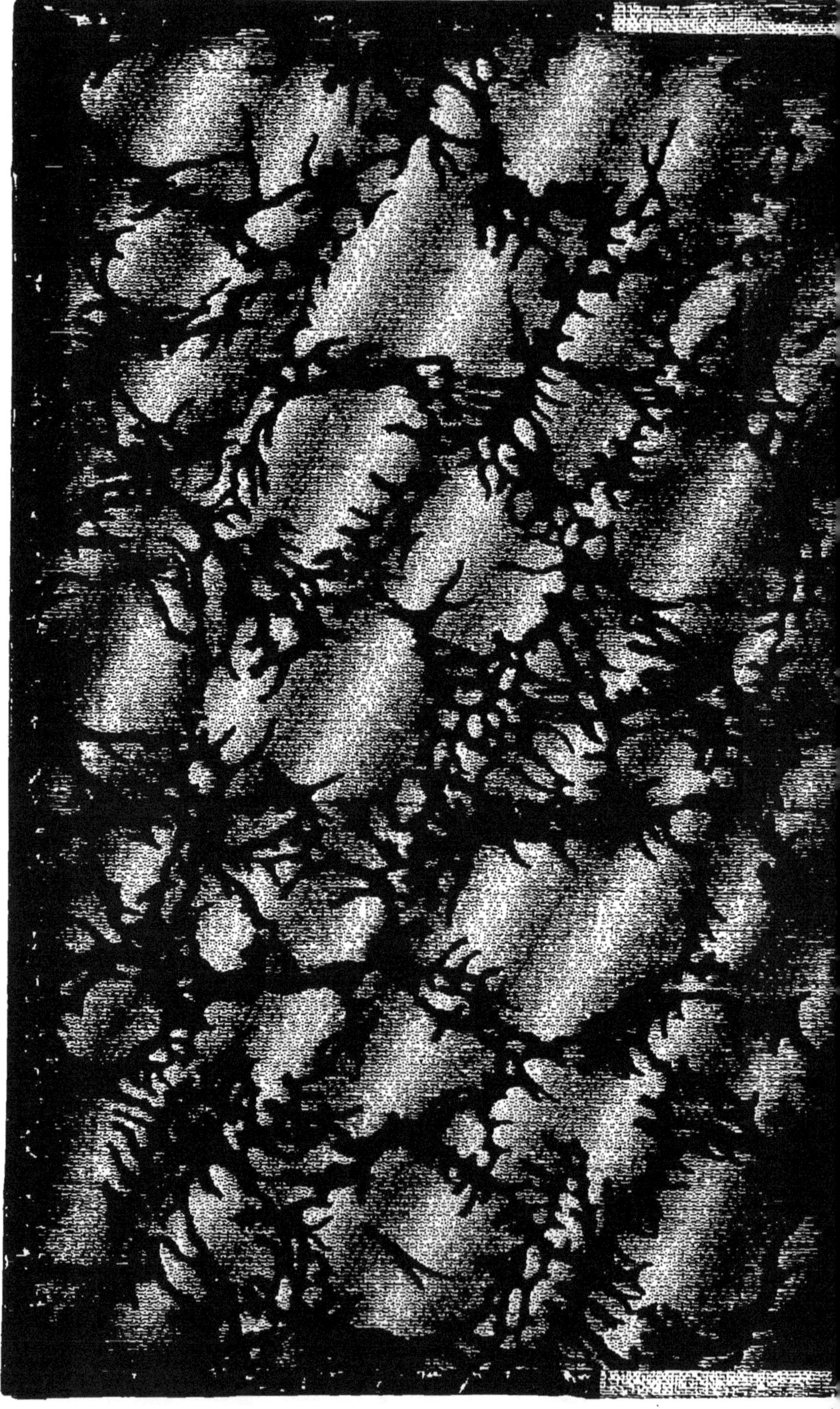

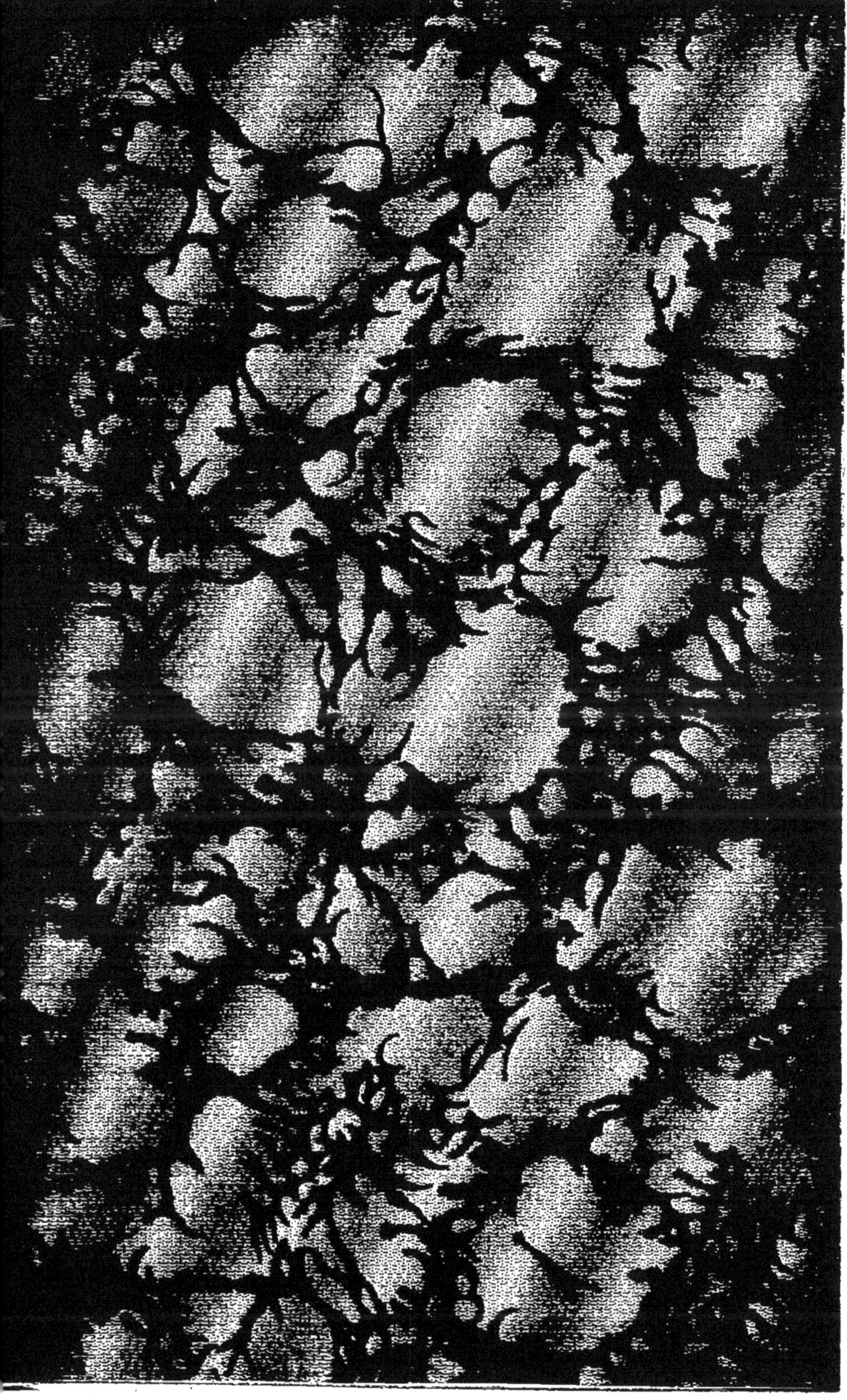

NOTICE

SUR LA VIE ET LA MORT

DE NOTRE CHÈRE SŒUR

FRANÇOISE-CHARLOTTE-STÉPHANIE

LÉBRUN-TOUVRE

NÉE LE 16 MAI 1832

DÉCÉDÉE LE 25 JUIN 1860

PARIS

IMPRIMERIE DE L'ŒUVRE DE SAINT-PAUL

51, RUE DE LILLE, 51

—

1884

NOTICE

SUR LA VIE ET LA MORT

DE NOTRE CHÈRE SŒUR

FRANÇOISE-CHARLOTTE-STÉPHANIE

LEBRUN-TOUVRE

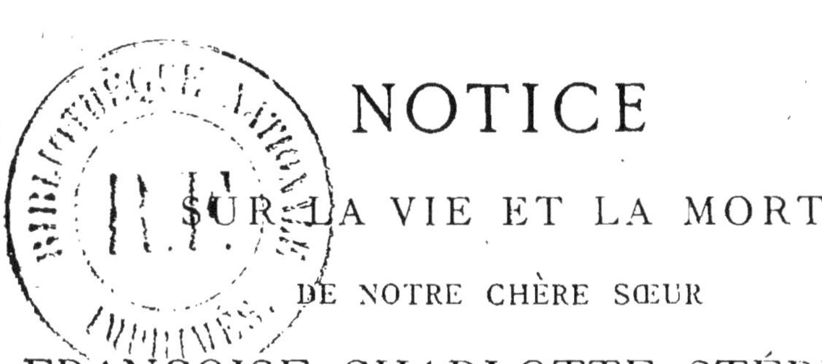

NOTICE

SUR LA VIE ET LA MORT

DE NOTRE CHÈRE SŒUR

FRANÇOISE-CHARLOTTE-STÉPHANIE

LEBRUN-TOUVRE

NÉE LE 16 MAI 1832
DÉCÉDÉE LE 25 JUIN 1860

PARIS

IMPRIMERIE DE L'ŒUVRE DE SAINT-PAUL

51, RUE DE LILLE, 51

—

1884

Je viens, chère amie, remplir la promesse que je te fis, quelques jours après la mort de notre chère Stéphanie ; et te dédommager, autant qu'il me sera possible, de ce que tu n'as pas eu la consolation de voir cet ange, pendant ses derniers moments, en te faisant part de tout ce que je sais d'elle de plus propre à t'édifier. Et je puis te promettre de te dire tout simplement ce dont je suis bien informée, sans exagération aucune.....

CHAPITRE PREMIER

Enfance de Sœur Stéphanie.

Tu sais, bonne sœur, que lorsque je vis
Stéphanie pour la première fois, elle allait
avoir six ans. Ce qui me frappa de prime
abord, ce fut son air raisonnable ; quelque
chose de triste et de sensible dans sa jolie
petite figure, me disait mieux que des paroles, que j'arrivais, dans ma famille, un
peu trop tard, puisque je n'avais pu embrasser encore une fois un père chéri qui
venait de nous être enlevé.....

Je remarquai dans cette chère enfant
une grande docilité, beaucoup de douceur
et de prévenance ; elle n'avait pas besoin

d'être avertie de rendre un service, son cœur la portait assez à aller au-devant de ce qui pouvait obliger. Son attrait était de chercher à faire plaisir; j'avais compris cette tendance et je m'en servais pour la faire progresser dans son instruction... Elle était avancée pour son âge, mais il y avait de si heureuses dispositions dans sa jeune intelligence, qu'il était facile de la faire marcher plus vite. J'excitais donc son émulation, par un air de surprise et de joie, quand elle m'apportait un devoir bien fait, bien propre, etc.....

Sa modestie enfantine, son air si content, qu'elle tâchait de cacher, me causait une vraie jouissance, voyant encore bien plus dans son application le désir qu'elle avait eu de me donner une satisfaction, que le plaisir qu'elle pouvait trouver elle-même à s'entendre louer.

CHAPITRE II

Premières lueurs de sa vocation.

———

Elle aimait beaucoup à rester avec nous, le soir; sans se mêler à nos conversations, elle y prenait sa part, et réfléchissait sur ce qu'elle entendait. En voici un exemple dont je me souviens parfaitement : Notre sœur Séraphine avait plus de dix-huit ans, elle était la plus grande et la plus forte, tout le monde la croyait l'aînée ; demandée en mariage plusieurs fois, elle avait nettement refusé, sans explication. Cette fois, cependant, nous désirions presque lui voir accepter ce parti, qui pouvait convenir sous bien des rapports. Moi, qui étais à la piste du moment où je pourrais m'échapper pour

embrasser ma sainte vocation, je voyais là
une occasion de fixer ma sœur près de ma
mère, ce qui était une grande consolation
pour nous et me faisait appuyer sur cet
avantage. « Conviens, ma fille, ajoutait
« notre bonne mère, que tu n'es pas éloi-
« gnée d'un tel projet, et que tu ne redou-
« terais pas cet établissement ! »

A ces mots, Stéphanie, qui s'amusait
avec ses poupées, s'arrête, et jette sur Séraphine un regard plein d'anxiété ; je suivais
son mouvement en silence, mais avec intérêt.

Séraphine répondit simplement : « Il est
« vrai que je n'ai pas peur qu'un mari me
« rende malheureuse ; je crois que j'aimerais
« ma famille, et que son éducation serait
« un de mes plus chers devoirs ; mais
« puisque la femme peut choisir, il y a
« longtemps que j'ai donné la préférence à
« Notre-Seigneur. »

Stéphanie eut l'air satisfait et continua à
s'amuser.

Le lendemain, Séraphine me raconta que,
montée dans sa chambre pour se coucher,
notre petite sœur s'était montrée rêveuse,

et que lui ayant demandé le sujet de ses
sérieuses pensées, elle avait dit, en l'em-
brassant : « Oh ! Séraphine ! comme toi, je
« veux préférer Notre-Seigneur à tout..... »
Elle a tenu parole.

Séraphine vint me retrouver à la communauté, et ne se lassait pas de me parler de
ses espérances au sujet de cette chère enfant,
qui savait déjà si bien prier, qui était si
dévouée pour les pauvres qu'elle se serait
privée pour eux de tout ce qui était à sa
disposition. Elle me disait encore qu'avant
son postulat à l'hôpital Saint-Nicolas, elle
allait tous les dimanches voir les pauvres
malades avec sa chère petite sœur, et que
nos bonnes Sœurs leur permettaient de les
aider à faire le service ; que Stéphanie, en
portant l'écuelle de soupe ou l'assiette de
portion aux bonnes femmes, leur faisait une
belle révérence, leur disant : « Demandez
« au bon Dieu que je fasse un jour comme
« ma sœur, qui va entrer postuler. » Et les
bonnes femmes de lui répondre : « Oui, ma
« petite demoiselle, nous prierons pour
« vous : vous serez un jour une bonne Sœur

« de la Charité : heureuses celles qui rece-
« vront les soins de votre bon cœur ! »

.....Je me rappelle aussi très bien la lettre
que nous écrivit cette chère sœur, pour
nous annoncer le beau jour de sa première
communion. « Vous prierez bien pour moi,
« disait-elle ; quant à moi, je ne demanderai
« qu'une seule grâce à Notre-Seigneur :
« celle de ne pas être trouvée indigne de la
« vocation de mes sœurs..... »

CHAPITRE III

Vœux de la sœur aînée.

Il t'en souvient, chère Léopoldine, de cette belle fête du 2 février 1846. Je vous vis toutes les deux prendre part à mon bonheur. Je prononçai les saints vœux ! Vous voulûtes même vous y associer par la réception des sacrements. Voici ma conversation avec celle que toutes nos Sœurs appelaient déjà : le petit ange..... « Tu vois, « Stéphanie, que je ne puis dissimuler ma « joie, tu me trouves peut-être dissipée, « mais si tu savais comme le cœur se dilate « aujourd'hui, je suis si heureuse ! — Oh ! « je le comprends bien, Joséphine, mais « prie pour moi, afin que je fasse aussi les

« saints vœux. C'est l'unique ambition de
« ma vie... — Tu aimes donc bien Notre-
« Seigneur ? — Oh ! de tout mon cœur. —
« Tu t'es confessée hier, as-tu été contente ?
« — Oh ! oui, voici comment cela s'est
« passé : Léopoldine voulait s'adresser au
« P. Aladel ; moi, je désirais faire connais-
« sance avec lui, parce que j'en ai souvent
« entendu parler comme d'un saint, et que
« Léopoldine a pour lui une vénération
« extraordinaire. Nous sommes donc allées
« à Saint-Lazare ; le Frère portier nous a dit :
« Oh ! mesdemoiselles, le P. Aladel ne des-
« cend jamais pour les personnes du monde,
« il y a d'autres prêtres aux confession-
« naux, vous pouvez y aller. — Mon frère,
« reprit Léopoldine, dites au P. Aladel que
« c'est moi qui le demande, que c'est lui
« que je veux, et pas un autre. Le Frère est
« parti en secouant la tête... Cependant le
« Père a bien voulu venir, et je suis passée
« après ma sœur. Je m'étais, il me semble,
« bien examinée, et j'ai dit tout bonnement :
« Mon Père, je n'ai pas trouvé de péchés
« depuis ma dernière confession ; il n'y a

« que quatre jours que j'ai fait la sainte
« communion, voudriez-vous me permettre
« de la faire demain, parce que c'est une
« fête de la sainte Vierge, et puis parce que
« ma sœur aînée fait les saints vœux. Je
« serais bien contente, mon Père, si vous
« ajoutiez à cette bonté, la promesse de
« prier le bon Dieu qu'il m'accorde aussi
« la grâce de faire un jour les mêmes vœux
« que mes deux sœurs aînées, et de me con-
« duire d'ici là de manière à le mériter. Le
« Père me l'a promis, puis, après m'avoir
« donné de très bons conseils, il m'a laissée
« partir bien heureuse !... »

« Tu es donc déjà sûre de ta vocation, ma
« Stéphanie ? — Je n'ai jamais eu d'autre
« pensée. — Mais il te faudra quitter maman !
« — Léopoldine restera pour lui tenir com-
« pagnie, et puis le bon Dieu arrangera cela.
« — Mais il y a d'autres communautés qui
« ne t'éloigneraient pas de Metz comme
« celle-ci ? — Mais Notre-Seigneur a dit
« qu'il fallait quitter sa famille et son pays
« quand il le demandait, comme Abraham.
« — Oh ! oh ! ma Stéphanie, je vois qu'il ne

« faut pas discuter avec toi. Sois tranquille :
« personne au monde ne désire plus ton
« bonheur que moi. Je n'oublierai pas de
« te recommander à Celui qui m'a prise
« aujourd'hui pour son épouse : tu sais que
« le jour des saints vœux, Notre-Seigneur
« ne refuse rien. — Oh ! bien, demande-lui
« que je sois Sœur de la Charité ! — Car-
« mélite plutôt, dis-je avec malice. — Oh !
« non. — Et pourquoi ? — Notre-Seigneur
« ni la sainte Vierge ne se sont cloîtrés... »

Voilà, à peu près, chère amie, une conversation où tu te reconnaîtras, et que je
me suis souvent rappelée. La racontant à
Sœur Séraphine, elle me dit : « Cette enfant,
« à elle seule, vaudra mieux que nous trois.
« Tant mieux pour la gloire de Dieu ; il est
« bien temps qu'une âme fidèle attire sur la
« famille les miséricordes de Dieu... » C'est
ainsi que cette chère sœur oubliait, dans
son humilité, que la piété de Stéphanie
était, après Dieu, l'ouvrage de ses exemples
et de ses prières.....

CHAPITRE IV

Maladie et mort de Sœur Séraphine.
Visite de Stéphanie avec sa mère.

Je ne revis plus Stéphanie qu'auprès du
lit de douleur de notre chère Séraphine.
Celle-ci étant frappée de la maladie qui
devait la conduire en peu de mois vers le
souverain Bien de son âme, le médecin
pensa que l'air natal lui serait salutaire; il
le lui prescrivit. Séraphine en étant informée, vint trouver notre très honorée Mère
Mazin, alors générale, et lui demanda en
grâce de venir mourir à la communauté, où
était son *vrai* air natal. Notre Mère lui
accorda cette faveur, et j'eus le bonheur de

soigner cette bien-aimée sœur, les trois derniers mois de sa vie.

Ce fut le 14 octobre 1849 qu'elle vint à l'infirmerie, apprendre à toutes celles qui la connurent, combien il y a de vraie joie à souffrir pour Dieu et à mourir dans son amour.....

Le 7 décembre, à 5 heures du soir, on vint me dire que deux dames m'attendaient au parloir. Je ne sais quel pressentiment me serra le cœur; je ne prévoyais pas qui pût me visiter à cette heure. Quelle fut ma surprise quand je trouvai ma mère et Stéphanie! Je me récriai contre cette démarche dans mon premier mouvement, et je demandai à cette trop bonne mère pourquoi elle venait ainsi à la recherche d'émotions pénibles. Ma mère me demanda s'il était trop tard, car, ajouta-t-elle, nous pourrons au moins pleurer avec toi. Je me hâtai de les rassurer, mais j'annonçai que notre chère malade serait trop impressionnée de les voir le soir même, qu'il fallait la préparer pour le lendemain. « Justement, dit Stéphanie, « c'est ce que j'avais pensé; notre entrevue

« se fera sous les auspices de la sainte Vierge,
« tout s'y passera bien, nous serons coura-
« geuses de part et d'autre..... »

J'allai plus tard vers notre bonne Séraphine, et lui dis que maman voulait abso-
lument venir la voir. « Eh ! bien, me répondit-elle, laisse-la faire, c'est le bon Dieu
qui l'envoie, nous avons quelque chose à
traiter ensemble, pour la plus grande gloire
de Dieu et le salut de son âme. Qu'elle
vienne ; je ne l'aurais jamais demandé ; mais
j'avais remis mon dessein entre les mains
de mon Jésus, c'est donc lui qui a arrangé
cela, je l'en remercie. — Mais, tu vas être
bien remuée de cette visite ? La vue de
notre mère excitera ta sensibilité, cela te
fatiguera. — Tout cela n'est rien à côté des
grâces que le bon Dieu va nous faire, ne te
tourmente pas..... »

Le lendemain, je conduisis ma mère et
ma jeune sœur auprès de notre sainte malade. Je fus témoin de l'entrevue des saintes,
car tout se passa avec une joie douce et
religieuse, avec une résignation digne,
calme, et une émotion difficile à décrire.

Séraphine ne perdit pas le temps en discours superflus; après les témoignages de
tendresse et de reconnaissance, elle exprima
à ma mère, avec une sublime expression de
piété filiale, le désir qu'elle avait de son
bonheur, et lui avoua que, depuis longtemps, elle était inspirée de lui demander
une grande grâce. Il me semble que je vois
encore ma bonne mère se levant de son
siège avec vivacité, et prenant avec anxiété
et affection les mains de Séraphine, disant:
« Parle, ma fille, que ne ferai-je pas pour
« te faire plaisir; je t'assure que je n'épar-
« gnerai rien pour te procurer la moindre
« consolation. Dis-moi ce que tu veux. »
Séraphine hésita un instant, elle me regardait; je priais Dieu de bénir ses paroles,
Stéphanie l'encourageait, et son expression
l'assurait qu'elle n'avait rien à craindre de
tout oser...

« Maman, dit alors Séraphine, je suis
« heureuse de vous voir marcher dans les
« voies du Seigneur, mais je voudrais que,
« pour vous y faire avancer plus sûrement,
« vous fissiez une confession générale, et

« cela avant que je quitte ce monde..... »

— Oui, ma fille, répondit ma mère avec fermeté, je vais tout de suite la faire, ici même... Tu mets un terme à mes indécisions, car depuis des années j'en avais le désir..... Et je trouve précisément à Paris le prêtre qui m'inspire le plus de confiance : c'est mon frère le Lazariste... Je vois que le moment du bon Dieu est arrivé, j'en profiterai avec sa grâce... »

Stéphanie, touchée de cette docilité de ma mère, voulut suivre son exemple ; elle fit une revue depuis sa première communion, et nous les vîmes, tous les jours, passer de courts instants auprès de notre sainte malade, qui les encourageait, les aidait de ses conseils et encore plus de ses prières à accomplir cette grande action qu'elles avaient si généreusement entreprise. Puis je les voyais longtemps agenouillées devant le Saint-Sacrement, et aller ensuite au saint Tribunal.....

Oh ! bien chère sœur, combien je fus touchée, émue, édifiée de leur ferveur, et dans l'admiration de la bonté de notre divin

Maître, qui sait ainsi préparer les âmes aux sacrifices, par une plus grande pureté de conscience pour répondre à ses desseins de miséricorde.

Après huit jours de ce travail des âmes, on reçut l'absolution. Le saint Sacrifice fut offert avec bonheur par notre cher oncle, qui ne put s'empêcher de faire voir quelque chose de ses consolations. Ma mère et Stéphanie y firent la sainte communion de sa main, et nous semblions dire à Dieu : Notre cœur est préparé, Seigneur, notre cœur est prêt !.....

Sœur Séraphine prit aussi un air de fête. Elle demanda la permission d'être levée et habillée pour recevoir notre visite ce jour-là ; ce qui surprit agréablement ma mère et ma sœur. Elles croyaient la trouver mieux ! Après quelques expansions d'une réjouissance commune, Stéphanie se pencha à l'oreille de Séraphine et lui dit : « Tu vas au ciel, prends-moi avec toi ! » — Enfant, dit Séraphine, tu ne sais ce que tu demandes, et elle me répéta les paroles de notre petite sœur et ajouta : « Il faut que tu portes la cornette autant que moi. » Là-dessus, elle appelle ma Sœur Bonneau et demande à se recoucher, se sentant fatiguée. On lui mit son bonnet de nuit; elle prit sa cornette, la mit sur la tête de Stéphanie, et lui redit : *Tu la porteras autant que moi.....*

J'entendis ces paroles, ma chère Léopoldine, mais je n'y attachai aucune importance. Cependant elles me frappèrent vivement quand, trois jours avant sa mort, Sœur Stéphanie me les rappela et ajouta : « Nous « les regardions comme une idée de malade, « et non comme une prophétie, c'en était une « cependant..... » En effet, Sœur Séraphine a quitté cette terre à l'âge de vingt-huit ans, et sept de vocation; Stéphanie venait d'accomplir aussi sa vingt-huitième année, et elle avait porté la cornette autant de temps que notre chère Séraphine.....

Avant de quitter Paris, notre jeune sœur m'avait témoigné le désir de parler à notre Mère Buchepot, dont les bontés pour nous ont acquis tant de droits sur nos cœurs. J'avais ménagé cette entrevue, tant désirée de notre amie, mais elle n'en retira pas le bonheur qu'elle en attendait..... L'expérience du peu de forces physiques de deux de ses sœurs, dont l'une se mourait et l'autre sortait du séminaire, dont tout le temps s'était passé à l'infirmerie ou à prendre l'air de la campagne, fit condamner Stéphanie à attendre encore, afin que son tempérament fût bien fortifié, pour être en état de rendre de bons services à la communauté, dès que les supérieurs voudraient l'y admettre. Cette déclaration fut pour elle une sentence terrible, qui, jointe aux tribulations qui arrivèrent coup sur coup dans la famille, lui occasionnèrent une maladie d'estomac à laquelle succéda une fièvre d'accès qui la mit dans un état de langueur à nous donner de vives craintes.

CHAPITRE V

Stéphanie est malade.

———

Pendant deux ans que durèrent ses souffrances, elle ne fut jamais ni ennuyée, ni découragée. Elle était si persuadée qu'elle serait un jour Fille de la Charité, qu'elle disait à notre bonne mère : « Le bon Dieu « me rend malade pour te faire voir qu'il « me veut à Lui. Si tu me donnes ton « consentement pour aller rejoindre mes « sœurs, tu verras que je serai bientôt gué- « rie. » Ma mère ne pouvait y croire. Il me semble que je l'entends encore me dire : « J'espère que le bon Dieu doit être content « de moi : de quatre filles qu'il m'a données, « je lui en ai rendu trois, je puis bien garder

« la quatrième pour la consolation de mes
« vieux jours !..... » Pauvre mère ! nous
n'avions pas la force de lui dire qu'elle se
trompait. Et nous sentions que notre chère
Stéphanie avait une bonne vocation.....

Cependant un jour vint où Dieu mit du
courage au cœur de la mère et de la fille,
le consentement fut donné. La divine Providence se servit pour l'obtenir de la bonne
Mère Brulé. On avait dit à cette respectable
Supérieure que Mlle Lebrun était au plus
mal ; qu'une consultation de médecins avait
laissé sa mère dans les plus vives inquiétudes. Et, suivant le mouvement de sa charité, cette digne Sœur se rendit à la maison.
Elle ne trouva pas Stéphanie aussi malade
qu'elle s'y était attendue. « Mlle Stéphanie,
lui dit-elle, vous ne voulez pas encore
mourir, je le vois bien ; n'est-ce pas que
vous n'y êtes pas encore disposée ? » Et ma
mère était là, attentive et enchantée de ce
que la bonne Supérieure paraissait remplie
d'espérance. Stéphanie répondit à Sœur
Brulé : « Oh ! non, ma mère, j'ai toujours
« demandé au bon Dieu d'être Sœur de la

« Charité avant de mourir, et comme je ne
« le suis pas, je ne puis me décider à aller
« au ciel sans y porter la cornette. »

On se mit à rire de cette idée. Ma Sœur
Brulé, se tournant vers ma mère, ajouta :
« Voyons, Madame Lebrun, promettez à
Mlle Stéphanie, que dès qu'elle sera guérie,
vous la laisserez partir. » Ma mère, ne put
reculer. « Mon Dieu, s'écria-t-elle tout
« émue, si vous voulez ma fille, j'aime
« mieux vous la donner que de vous la voir
« prendre par force. Oui, si vous la guéris-
« sez, je la laisserai suivre sa vocation... »
— C'est très bien, Madame Lebrun, dit la
bonne Mère Brulé, je vais écrire cela à Paris,
et j'espère que Notre-Seigneur vous accordera
le bonheur de voir votre fille bien portante
et bien contente au service du bon Dieu. »

Tout cela s'est accompli à la lettre. Peu
à peu, notre sœur sentit sa fièvre discontinuer et bientôt disparaître, et ses forces
revenir. Ce fut alors que l'oncle d'Olley
fut si heureux de la voir se remettre, que,
pour *l'en récompenser*, c'était son expression, il la conduisit voir ses deux sœurs.

CHAPITRE VI

L'oncle d'Olley fait voyager Stéphanie.

En qualité d'aînée, je fus la première visitée. Je revis donc ma chère petite sœur. Oh! comme elle me rappelait ma chère et aimée Séraphine! Je descendis avec elle dans son propre cœur, nous examinions ensemble ce désir incessant d'être à Dieu; de se consacrer toute à lui. « Ma sainte « vocation, me disait-elle, est pour moi « une grâce de préservation au milieu du « monde; elle m'accompagne sans cesse, « elle me découvre la vanité de ce que « les hommes appellent honneurs, plaisirs, « jouissances, félicité!..... J'entends souvent « leurs raisonnements avec pitié, je vois

« leurs déceptions sans surprise, car je les
« ai souvent prévues... Ce qui me frappe le
« plus, c'est l'esprit d'égoïsme qui anime
« chaque individu. Comme cela m'amuse
« quelquefois! Chacun est flatté d'être l'objet
« des préoccupations d'autrui. On n'aime
« qu'à parler de soi, des siens, de ce que
« l'on désire, de ce qui touche, de ce qui
« fait honneur. On s'étend avec complai-
« sance sur les avantages que l'on croit
« avoir sur les autres, sur les marques d'es-
« time, d'affection que l'on *pense* recevoir...
« Oh! que de fous dans le monde! Quand
« j'étais malade, je recevais grand nombre
« de visites; j'ai pu faire des études sur le
« cœur humain, et le profit que j'en ai retiré,
« c'est cette leçon : la créature ne pense qu'à
« soi. Elle oublie Dieu, qui l'a cependant
« créée pour une fin plus noble. Oh! comme
« cet oubli a besoin d'une réparation! et
« comme je serais heureuse d'y contribuer
« autant qu'il est en moi... Je veux pour
« cela me donner à Notre-Seigneur, le seul
« vrai réparateur de la gloire de Dieu, et le
« servir dans ses pauvres dont il a dit : Ce

« que vous ferez à l'un de ceux-ci, c'est à
« Moi-même que vous le ferez… Oh! quel
« bonheur d'être l'épouse de Notre-Seigneur
« et victime de son amour ! »

Je reconnaissais là ma Stéphanie, âme
d'élite qui comprenait le culte de Dieu,
culte du sacrifice. Mais il fallait attendre
les moments de la Providence, c'est-à-dire
près de deux ans !…

Avant de me quitter, notre chère petite
fut désireuse de revoir le Père Directeur,
pour faire, disait-elle, acte de générosité,
car il s'était montré très méchant pour elle
à un certain voyage qu'il avait fait à Metz
avec le Père Général. Je savais de quoi il
était question, car notre respectable Père
Directeur avait eu la bonté de me raconter
que, pendant son court séjour dans notre
ville natale, la bonne Mère Brulé lui avait
présenté, ainsi qu'au très honoré Père, les
deux demoiselles Lebrun ; qu'ils s'étaient
mis, lui, à taquiner Stéphanie, en l'assurant
qu'elle avait beau dire vouloir être Sœur
de la Charité, qu'il ne le croyait guère,
qu'elle avait un air de sainte nitouche, dont

il fallait se défier, etc., et le P. Étienne d'ajouter que ce serait Léopoldine, dont l'air franc et décidé annonçait une bonne résolution, qui entrerait en communauté.

S'il t'en souvient, chère amie, vous fûtes toutes les deux très déconcertées, et cherchiez chacune à vous défendre, car le Saint-Esprit qui parlait depuis longtemps au cœur de la plus jeune, n'avait pas encore soufflé sur toi. Et tu protestais contre l'accusation de ces bons Pères, assurant que tu n'agirais jamais contre tes convictions, etc., etc. Notre pauvre Stéphanie, au contraire, eut beau faire ses efforts pour persuader à nos Pères que sa vocation était de Dieu, et par conséquent sérieuse et constante, ils ne lui donnèrent pas la jouissance de paraître convaincus ; et cependant ils me dirent, en me racontant combien ils s'étaient amusés de ces petits débats, qu'ils étaient très persuadés que nous serions toutes les quatre Filles de la Charité.

J'eus bientôt opéré entre le Père Directeur et ma sœur une réconciliation parfaite. Ils s'entendirent à merveille ; non seulement notre Père lui assura qu'il croyait sa vocation véritable, mais il lui traça une ligne de conduite à suivre jusqu'à son entrée. En sortant de ce cabinet, ma Stéphanie était d'une joie indicible. Elle commençait, disait-elle, à respirer librement, tant elle était fortifiée au moral et au physique...

CHAPITRE VII

**Stéphanie se prépare à entrer
en communauté.**

—

De retour à Metz, notre sœur ne s'oc-
cupa plus qu'à préparer son cœur à suivre
la volonté de Dieu. Aussi, sa vie dans le
monde était-elle un sujet d'édification pour
toutes les personnes qui la voyaient...
Quand il m'arrivait au parloir quelques
personnes de Metz, c'était toujours un
concert de louanges à l'honneur de ma
jeune sœur. On la comparait à un ange, à
la sainte Vierge elle-même. Rien que de
la voir passer dans la rue, me disait-on, on
est charmé de son air doux et modeste, cela
vaut un sermon...

On ne se doutait pas des orages que

le démon suscitait quelquefois dans son cœur. Tantôt, il la prenait par sa vive tendresse pour sa mère, qu'elle allait abandonner cruellement à une triste solitude, livrée aux soins des étrangers dans ses maladies, et se mourant de chagrin et d'ennui loin de ses enfants !...

« Il me semblait, me disait-elle plus tard, « que cette tentation était terrible. Je me « rappelais qu'elle avait longtemps ébranlé « notre chère Séraphine ; encore, cette chère « amie voyait-elle, dans l'avenir, deux en- « fants qui grandissaient pour être le soutien « et la compagnie de cette si bonne mère, « tandis que moi, son Benjamin, ainsi qu'on « m'appelle souvent, je fermais la porte der- « rière moi, laissant ma mère sans espérance.

« ... Je me sentais sans courage au mo- « ment de mettre la main à l'œuvre. J'avais « beau me représenter la ruse du démon, « ma lâcheté, mes désirs passés, etc... les « bras me tombaient... Oh ! que Notre- « Seigneur a été bon de ne pas s'être indi- « gné de mes incertitudes ! Non seulement « il me rassurait au fond du cœur, me disant

« qu'il prendrait soin de ma mère comme le
« fils le plus tendre ; qu'il fallait être bien
« généreuse dans mon sacrifice pour qu'il
« soit digne de Lui ; que je devais être heu-
« reuse, et même lui savoir bon gré des
« répugnances que ma nature en éprouvait,
« mais que ma vie ne serait plus de longue
« durée et que, m'offrant la meilleure part,
« ce serait folie de ne pas accepter. Comme
« je me rendais coupable, au moment où
« Notre-Seigneur était pour moi plein d'une
« bonté incomparable !... Il me donnait en-
« core un appui extérieur bien puissant,
« bien fidèle, dans ce cher oncle Pierre,
« avec qui je pensais tout haut, qui résol-
« vait mes doutes, qui me fortifiait dans
« mes craintes, dans mes faiblesses, dans
« mon manque de foi, qui me promettait
« de ne jamais abandonner ma mère... Et
« je savais ce que valaient ses paroles ; je
« le connaissais à l'œuvre ; il était vrai-
« ment ma consolation et ma ressource. Ah !
« combien je lui dois de reconnaissance et
« d'affection !... »

———

CHAPITRE VIII

Stéphanie annonce son arrivée à la Communauté. — Épreuves.

Mais, ma chère sœur, je me trouve insensiblement conduite à ce temps où j'eus le bonheur de voir de près notre chère Stéphanie, car c'est le 29 avril 1853 que je reçus une lettre de cette sainte enfant, qui m'annonçait que toutes choses étant préparées par la divine Providence, elle partirait de Metz le 12 mai de grand matin, et le soir du même jour, elle me tomberait sur les bras, pour que je la donnasse à Dieu sans retour. Ce sont à peu près ses expressions.

La chère Postulante s'adressait à qui ne

pouvait guère lui rendre service, mais elle comptait sur Notre-Seigneur. Il ·fit son affaire, malgré tout, comme je vais te le dire...

Tu peux penser, chère amie, quels déchirements de cœur, quelles angoisses me donna cette nouvelle... Je partageais, je crois, toutes les tortures de ma pauvre mère. C'était la quatrième fois que le Seigneur lui demandait un semblable sacrifice, mais celui-ci était le plus coûteux... Cependant, je me serais crue coupable de m'arrêter à ces cris de la nature.

La générosité de notre Benjamin me donna du courage, et m'unissant à Marie, Mère de douleur, j'offris mon sacrifice à cette divine Mère pour commencer le mois qui lui est consacré, et je me rendis chez notre très honorée Mère pour lui exposer les désirs de ma sœur. Notre Mère Générale refusa net de la recevoir, me disant qu'il y avait assez de Sœurs *Lebrun* à la Communauté, que celle-ci étant la plus jeune, devait rester près de sa mère pour la soigner ; que, d'ailleurs, elle n'avait pas de santé, et même que l'ayant vue, il y avait quelques mois, elle ne lui avait pas paru avoir de vocation, etc., etc.

Tu peux comprendre, bien chère sœur, quelle fut mon émotion en entendant ce discours.

... Je me calmai bien vite, en reconnaissant le doigt de Dieu sur les lèvres de notre très honorée Mère. Je pris la liberté de lui répondre qu'il était bien vrai qu'à l'exception de Sœur Séraphine, qui s'était sanctifiée en peu d'années dans notre saint état, nous n'avions guère donné de consolations à nos vénérés Supérieurs, mais que j'espérais que cette dernière dédommagerait la Communauté pour nous, et qu'elle ne se repentirait pas de sa charité, si elle voulait bien l'admettre ; que le moment était décisif ; que, depuis des années, ma sœur cherchait à disposer ma mère à cette séparation si douloureuse et même si héroïque de part et d'autre ; que notre très honoré Père lui-même avait reconnu que cette vocation était solide. Enfin, que loin d'encourager ma sœur à quitter le monde, je

serais la première à l'en empêcher, si chaque membre de la famille ne voyait, clair
comme le jour, que le bon Dieu la voulait
à lui.

Notre très honorée Mère m'écoutait avec
bonté ; elle me promit d'en parler au conseil, et, peu de jours après, je vis bien que
toutes choses étaient arrangées, car j'eus
la permission de recevoir Stéphanie et de
la conduire postuler à l'hospice des Mé-
nages, chez notre très digne Mère Lucot.

Le 12 mai, il y eut un grand événement
à Metz. A quatre heures du matin, notre
chère sœur embrassa notre mère, et s'é-
chappa pour se rendre au chemin de fer,
où les oncles d'Olley et Pierre l'embarquè-
rent les larmes aux yeux et le cœur broyé,
tandis qu'elle se montra ferme et courageuse, même dans les derniers adieux !...

Elle avait eu dès la veille la précaution
d'écrire cette petite lettre à notre frère :

« Si tu veux, mon cher Auguste, avoir
« de Metz des nouvelles toutes fraîches, tu
« n'as qu'à te rendre demain, à quatre heu-
« res du soir, à l'embarcadère de Stras-

« bourg ; tu y trouveras, sans faute, une
« petite personne qui sera bien aise de te
« voir, etc., etc. »

Auguste fut exact au rendez-vous, avec
une curiosité mêlée d'inquiétude, car il se
doutait de l'accomplissement d'un dessein
dont il avait entendu parler. Il prenait déjà
des résolutions de le faire échouer ou d'en
retarder l'exécution, mais notre chère Stéphanie le fit changer de sentiment et obtint
même que, sans s'arrêter un instant chez
lui, où il la pressait de demeurer au moins
quelques jours, il la conduisît de suite à la
Communauté, où elle brûlait, disait-elle,
de se rendre.

CHAPITRE IX

Stéphanie est envoyée au postulat.

———

Tu connais aussi bien que moi, chère amie, l'histoire des premières années de vocation de notre chère sœur. Son postulat fut pour elle un séjour de délices... Elle s'estimait si heureuse d'habiter la maison du Seigneur, de vivre avec de si vénérables Sœurs, si bonnes, si indulgentes, dont toute l'ambition est de servir Dieu et de lui prouver à chaque instant leur amour! Les consolations lui venaient de toutes parts, aussi travaillait-elle avec ardeur à bien remplir toutes les fonctions de son état.

Un jour, je la trouvai le visage tout animé; je lui demandai si elle n'en faisait

pas trop, et si elle ne craignait pas d'abuser
de ses forces. « Oh ! non, me répondit-elle
« avec son air angélique, je sens que je
« n'en ferai jamais assez pour témoigner à
« Notre-Seigneur toute ma reconnaissance
« de m'avoir conduite ici. Quel bonheur !
« Je suis au postulat, je sers les pauvres,
« ceux de qui Jésus-Christ a dit : Tout ce
« que vous ferez à ceux-ci, c'est à moi-
« même que vous le ferez. A moi-même,
« entends-tu ce mot ? » Et elle tressaillit avec
un sentiment de joie indicible.

CHAPITRE X

**Séminaire. — Prise du saint habit.
Maison des Saints-Anges.**

Le 3o juillet, notre chère Stéphanie entra
au séminaire, et sortit de la petite retraite
lè 2 août, fête de Notre-Dame des Anges.
Elle me témoigna tant de plaisir de cette
coïncidence qui lui faisait consacrer le temps
de son séminaire à la Reine des Anges, que
je m'en suis toujours souvenue. Elle aimait
la sainte Vierge avec une affectueuse tendresse. Son bon ange était, de tous les
temps, son meilleur ami, en sorte que, dans
ce beau jour, elle se trouvait en présence
de tout ce qu'elle avait de plus cher, disait-
elle, et elle ne pouvait manquer d'être bien

accueillie par saint Vincent, étant présentée en un tel jour, et par de telles mains.....

Le précieux temps du séminaire se passa, pour notre chère sœur, dans le plus grand recueillement. Il suffisait de l'apercevoir pour juger qu'elle était toujours unie à Notre-Seigneur. Les entretiens que j'avais avec elle me remplissaient d'émulation, et je ne la quittais pas sans désirer devenir meilleure, tant sa ferveur me touchait.

Je te donnerai plus tard, bien chère sœur, le détail de quelques entretiens que nous eûmes alors; pour le moment, je te rappellerai qu'elle prit le saint habit au mois de mars 1854, et qu'elle fut envoyée dans une maison consacrée aux Saints Anges, c'est-à-dire dans un orphelinat placé sous le patronage de ces esprits célestes.

CHAPITRE XI

Emplois de Sœur Stéphanie.

———

Sa Supérieure et ses compagnes surent bientôt l'apprécier, et ma Sœur Euphrasie la surnomma « l'Ange des saints Anges. »

En effet, Sœur Stéphanie était bien le bon ange de ses chères enfants. Elle était attentive à leur prodiguer tous les soins que réclame la tendresse de leur âge ; elle était douce et patiente à ouvrir leur intelligence aux vérités du salut, à la science de leurs devoirs.

Elle s'appliquait surtout à leur former le cœur et à en diriger tous les mouvements vers Dieu. Comme elle veillait jour et nuit sur leur conduite ! comme elle les reprenait avec sagesse de leurs manquements! Pour en avoir une idée, il faut entendre encore le langage des jeunes personnes qui l'ont connue, et qui parlent avec admiration de sa constante bonté, de sa prudence et de son dévouement.

Il y avait déjà bien des mois que Sœur Stéphanie travaillait de tout son cœur à la vigne du Seigneur, lorsque notre divin Maître voulut accorder à sa fidèle servante un dédommagement à ses peines, un encouragement à de nouveaux sacrifices. Notre divin Sauveur vint habiter la maison des Saints-Anges, et récompenser le zèle et les efforts constants de ma Sœur Euphrasie, car c'était une épreuve et un vide immense pour nos Sœurs, que la privation d'une chapelle!

Sœur Stéphanie eut le privilège d'être chargée de la sacristie et de tout ce qui concernait le service divin. Son bonheur était sans mesure: elle n'avait plus rien à envier sur la terre, elle était réellement et directement la servante de Jésus et des pauvres.....

Tel était le langage de ses lettres et de nos confidences. Je retrouve à ce sujet une réponse du cher oncle Pierre, du 15 janvier 1855, qui prouve ce que j'avance : Vous « voilà heureuse, mon enfant, vous avez « Dieu qui habite votre maison. Le Seigneur « est avec vous. Voyez-le souvent. Parlez- « lui de vous, de ceux que vous aimez. « Là, vous aurez toujours un ami pour « vous écouter, et, de plus, un remède au- « dessus du mal..... Souvent, vous vous « repentirez d'avoir confié vos peines aux « créatures, jamais à Jésus, témoin de votre « foi, de vos espérances, Jésus qui veut être « l'auteur de vos croix, afin d'en être la « récompense..... »

Si ces lignes firent tant d'impression sur l'esprit de Sœur Stéphanie, c'est qu'elles avaient trouvé dans son cœur l'écho de la pratique. Oh ! oui, Jésus était pour elle le vrai, l'unique Ami, le remède à toutes ses douleurs, le confident de toutes ses pensées, l'objet de tous ses désirs et de toutes ses affections. C'est à ses pieds qu'elle se délas- sait de toutes ses occupations, qu'elle se reposait de toutes ses fatigues; c'est dans son Cœur qu'elle était joyeuse d'offrir tous ses sacrifices.

Comme les jouissances les plus pures sont sujettes, sur cette terre, à l'instabilité, encore plus, il me semble, que les misères de la vie, la consolation de nos chères Sœurs de la maison des Saints-Anges ne dura pas longtemps. Dès le mois d'août de la même année, la Communauté rappela les Sœurs de cet établissement, et elles furent dispersées en d'autres maisons.

———

CHAPITRE XII

Changement de Sœur Stéphanie.

Notre sœur, après six semaines passées à Saint-Cloud avec toi, bien chère sœur, temps qui doit te laisser de bien doux souvenirs, notre sœur, dis-je, fut placée au Gros-Caillou, hospice le Prince. Ce fut le 4 octobre, fête de saint François d'Assise, que je l'accompagnai à sa nouvelle destination.

Je l'excitais de mon mieux à subir avec générosité cette épreuve ; mais je sentais combien le cœur de notre amie avait à souffrir. La séparation de sa Supérieure et de ses compagnes était bien pénible pour une âme aimante comme la sienne... Son courage ne l'abandonna pas, tant il est vrai que Notre-Seigneur aide toujours à porter la croix qu'il impose.

Il y avait une grande différence entre l'hospice le Prince et la maison des Saints-Anges. Ici, une petite famille toute jeune, une simplicité, un laisser-aller qui, produisant une confiance mutuelle, rendait les rapports faciles, donnait une aisance gracieuse dans les manières, etc., etc. Au Gros-Caillou, c'était une communauté nombreuse, grave, et toujours très occupée. On voit dans cet établissement, non plus seulement une jeunesse, toujours bruyante et joyeuse, mais des orphelines adolescentes, qui préoccupent bien plus sérieusement; des vieillards de l'un et de l'autre sexe; une crèche; sept ou huit classes de jeunes filles externes; des pauvres et des malades qui viennent tous les jours étaler leurs misères, raconter leurs privations, leurs souffrances, avec un accent de vérité qui navre le cœur, et le dévore du zèle de faire face à tant de besoins. Puis la visite des malades à domicile, et enfin les quêtes, où la Fille de la Charité va chez le riche, non seulement tendre la main pour obtenir de quoi subvenir aux nécessités de tant de pauvres de tout âge, mais surtout pour exciter la charité des dames opulentes, et les engager à solliciter elles-mêmes des secours pour les malheureux.

Cette dernière œuvre, souvent très laborieuse, fut bien des fois le partage de notre amie. Sa douceur, sa modestie, parlèrent sans doute pour elle.

Son office fut encore les jeunes orphelines. Elle en était chargée jusqu'après l'époque de la première communion. C'est elle qui les préparait à cette grande action, et Dieu seul sait l'ardeur qu'elle mit à cette tâche !

Je ne voyais pas souvent notre chère Sœur Stéphanie. Chaque fois, j'étais consolée de sa ferveur toujours croissante. Sa vertu était une vertu réelle et solide, qui a pour fondement le renoncemeut au *moi*, et qui tend de plus en plus à se rendre la pratique des vertus, même les plus contraires aux inclinations de la nature, facile et agréable.

Voici une de ses réponses, qui dépeint ses sentiments. Je lui demandais comment elle se trouvait dans sa nouvelle maison, avec ses compagnes, et surtout avec sa Supérieure, qui était, m'avait-on dit, bien sévère? « Oh ! me répondit-elle, je n'ai que « des actions de grâces à rendre au bon « Dieu ; je suis venue en communauté pour « me sanctifier, pour me corriger de mes « défauts : je ne dois donc pas me plaindre « d'en avoir les moyens. Vois-tu, ma José- « phine, Notre-Seigneur a eu bien raison « de m'ôter d'avec ma Sœur Euphrasie, qui « était pour moi d'une bonté si grande que « tu ne pourrais te l'imaginer. Nos Sœurs « avaient aussi pour moi trop d'égards ; « elles me mettaient toujours en avant ; je « me serais, vraiment, bientôt persuadée « être un personnage important. » Puis, se mettant à rire, elle ajouta : « Ah ! les choses « sont bien changées ; ici, ma grandeur est « inaperçue, je m'empresse de prendre ma « place : bien entendu, c'est la dernière, et « si je ne le faisais, par conviction et par « justice, l'amour-propre m'en donnerai

« peut-être le conseil... Quant à ma Supé-
« rieure, ne te mets pas en peine pour moi,
« elle est très juste, elle a de l'expérience,
« car voilà plus de vingt ans qu'elle est à la
« tête de cette maison, et elle ne demande
« d'ailleurs que des choses très raisonna-
« bles. Notre malheur, à nous, est d'être
« légères et étourdies, ce qui nous empêche
« d'ajouter à ses avis l'importance qu'ils
« méritent; mais il faut s'instruire à ses
« dépens. Pour mes compagnes, elles sont
« charmantes, notre union est admirable,
« chacune porte le fardeau de sa voisine
« avec une délicatesse qui ravit. C'est à qui
« s'aidera, se préviendra mutuellement. Si
« l'une est triste, toutes l'entourent pour
« partager son chagrin. Si une autre a du
« plaisir, chacune vient l'augmenter de la
« joie qu'elle en exprime. Si une troisième
« est souffrante, il semble que toutes res-
« sentent son mal et cherchent à le soula-
« ger. Oh! ma Joséphine, il fait bon ici,
« j'espère y mourir..... »

Stéphanie me parlait avec un air si con-
vaincu que je la quittai en déposant toutes

mes préventions. C'est ainsi que notre
chère sœur voyait tout en Dieu et tirait
parti de toutes les circonstances de sa vie
pour avoir des sujets de louer, bénir et
remercier le bon Maître, de tout ce qui
lui arrivait, se répétant souvent cette parole
du grand Apôtre : « Tout sert au bien de
ceux qui aiment Dieu. »

Une fois, je lui demandai quel était le
motif qui la dirigeait dans ses prières et
dans ses actions. Elle me répondit très
simplement, que c'était le désir de s'unir
au Cœur de Jésus. « Dès que je me mets
« en prière, j'invite Notre-Seigneur à venir
« en moi, à mettre son Cœur à la place du
« mien, ou plutôt, je le prie de fondre mon
« pauvre cœur dans le sien, afin qu'avec
« lui je rende au Père céleste les actes d'a-
« doration, d'amour et d'action de grâces
« qu'il mérite et les autres devoirs que lui
« seul sait lui rendre dignement... Oh ! oui,
« ma plus grande consolation est de m'unir
« aux dispositions du Cœur de Jésus, dans
« ses actions, dans ses paroles, dans ses
« démarches, dans ses désirs, dans ses affec-

« tions, dans ses humiliations intérieures
« et extérieures... »

Et comme elle me disait, là-dessus, de
très belles choses que je crains de ne pas
savoir répéter, je lui demandai si elle avait
lu quelque ouvrage qui traitât de ce sujet,
comme M. Olier, etc. ? — « Non, me dit-elle,
« je n'ai jamais lu de livre qui m'enseignât
« ces choses, sinon nos saintes Règles, et
« surtout le premier chapitre, sur lequel je
« fais souvent mon oraison. »

CHAPITRE XIII

Sœur Stéphanie fait les saints Vœux.

C'est dans ces dispositions que notre chère sœur Stéphanie se préparait aux saints vœux. Sa piété était si profonde qu'elle se reflétait sur tout son extérieur. Notre très honorée Mère Devos, elle-même, en fut frappée un jour qu'elle la rencontra dans la rue. « J'ai vu votre plus jeune sœur, me « dit-elle, ce soir. Comme cette chère en- « fant m'a édifiée! Je l'ai aperçue d'abord « à une certaine distance. Son air si mo- « deste, si simple, m'a fait le plus grand « plaisir, et jusqu'à notre rencontre, je l'ai « examinée, et je pensais : Voilà bien com- « ment une fille de la Charité doit prêcher

« dans les rues ; rien de gêné, rien d'affecté,
« et pourtant quel air recueilli ! C'est bien
« là une fille du bon Dieu. »

Enfin, Stéphanie eut cinq ans de vocation ! Le beau jour des saints vœux fut fixé au 15 août. Son âme, embrasée du désir de s'unir au Bien-Aimé de son cœur, se préparait aux noces éternelles, car elle désirait de mourir pour consommer plus parfaitement son union avec le divin Époux. Elle espérait obtenir cette grâce le jour de l'Assomption.

Le divin Jésus jeta sur son épouse un regard favorable, et lui promit que son exil ne serait pas long. Le temps nous a prouvé qu'elle ne s'est pas rendue indigne de cette promesse...

Dieu s'appelle, dans la Sainte Écriture, « le Dieu jaloux. » Je puis bien t'assurer, ma chère Léopoldine, qu'il se montra tel, surtout à l'égard de notre chère Stéphanie. Tu te souviens que ma mère, les oncles, et toi-même, tous, nous nous préparions à être réunis pour cette belle fête. Le bonheur de notre Benjamin était le bonheur de chaque membre de la famille en particulier. Mais la présence de tant de personnes chères eût pu distraire la nouvelle épouse. Notre divin Maître trouva le moyen de déranger tous les projets. Il permit que le conseil avançât de dix jours le bonheur de notre sœur, il fut décidé que ce serait le 4, fête de saint Dominique, et non le 15, qu'il lui serait accordé.

Sœur Stéphanie revint donc à la chère Maison-Mère le jour de Notre-Dame des Anges ; le lendemain elle était en retraite, et le 4, à cinq heures et quart du matin, j'entendis les vœux qu'elle prononçait avec une ferveur qui impressionnait. Je fus seule témoin de sa douce allégresse, et je la partageai amplement. Il me reste des impressions de ce beau jour que je ne puis redire.

La vie de Sœur Stéphanie ne fut désormais qu'une suite d'actes d'immolation d'elle-même, de sacrifices offerts en secret, au fond de son cœur, au divin Époux.

La lecture de ses résolutions, qu'elle pratiquait si bien, te fera voir, ma chère sœur, cette âme, comme dans un miroir. C'est encore aujourd'hui le témoignage de ses compagnes auxquelles je les ai communiquées.

... Nous voilà arrivés au terme, ma chère Léopoldine; respirons un moment, car j'ai besoin de reprendre des forces pour calmer mes émotions.

CHAPITRE XIV

Dernière maladie.

Paris, Fête-Dieu 1861.

Il y a aujourd'hui un an, ma chère Léopoldine, j'étais vivement tourmentée par ce que nous appelons des pressentiments...

Ma mère était souffrante, et quoiqu'elle m'eût écrit elle-même qu'elle se trouvait mieux, les longues défaillances dans lesquelles elle demeurait des heures entières me donnaient de vives inquiétudes. Son âge, sa solitude, mille circonstances venaient me plonger dans la tristesse. Je ne trouvais de consolation qu'aux pieds de Notre-Seigneur.

Préoccupée, sans doute, du bonheur de

m'entretenir plus souvent et plus longue-
ment avec notre bon Maître, exposé sur le
trône de son amour à l'occasion de la fête
du Saint-Sacrement, je fis un rêve qui fut
pour moi un avertissement du ciel. Je sais,
ma sœur, que tu as déjà cru à mes rêves.
Sœur Stéphanie y croyait, et lorsque je lui
ai raconté celui-ci, elle n'eut aucun doute
sur les desseins de Dieu, qui se sert quelquefois même d'un rêve, pour préparer nos
esprits aux événements qui doivent s'accomplir. Permets-moi donc, bien chère
sœur, de te le raconter.....

.....Nous sortions de la procession. Re-
tardée, pour me rendre à l'examen avant le
dîner, par quelques personnes que j'avais
dû servir, je me rendis à la petite tribune
qui est à côté du cabinet du Père Directeur:
de là, on est tout près de l'autel.

En effet, après mon examen, je regardais
le Saint-Sacrement, et j'osai lui dire : « O bon
« Jésus, vous êtes *hostie d'amour,* quand
« donc vous prouverai-je aussi que je vous
« aime ? » Et il me sembla que Notre-Seigneur me répondait: « Si je te demande une

preuve de ton amour, es-tu prête à me la donner ? — Oh ! oui, Seigneur. » Et mon cœur s'élançait vers Jésus pour l'en assurer. C'est alors que, sans paroles, il se fit, entre le Cœur de mon Dieu et son indigne créature, un entretien inexprimable, mais je le traduis ainsi :

Jésus : Je veux que tu me fasses le sacrifice d'une personne qui t'est bien chère. — Mon cœur frémit, et je dis : O Jésus ! serait-ce ma mère ? Voulez-vous que sa maladie la conduise à vous ? Si c'est votre sainte volonté, je m'y soumets. Puissé-je la suivre de près !...

Notre-Seigneur me fit sentir que ce n'était pas ce sacrifice qu'il me demandait. — Est-ce l'oncle Pierre, le fils, le soutien et le protecteur de cette mère chérie ? — Pas encore. — Est-ce l'oncle qui pour votre amour s'est exilé en Autriche ? — Non. — C'est ma tante Thérèse ? — Non. — Serait-ce Léopoldine ? — Non. — C'est donc le cher oncle d'Olley ? — Non plus. — Mon Dieu, m'écriai-je tremblante et effrayée, serait-ce Stéphanie !... Et mon imagination s'échauffant, je représentais à Notre-Seigneur que Stéphanie était ma sœur par nature, par sympathie et par vocation...

Et Jésus, le divin Jésus, attendait ! Un élan de tout mon être, qui semblait s'anéantir devant mon Seigneur et mon Dieu, me fit crier : « O Jésus, je ne puis rien vous refuser ! Oui, je vous la donne, j'aime et j'adore votre volonté. » Notre divin Maître me dit : « C'est bien, » avec un sourire qui m'allait au cœur.....

En m'éveillant, je me moquai de moi-même : Voilà un beau rêve ! quelle folle imagination ! Ah ! n'allons pas nous croire sainte, parce que nous faisons de la générosité en dormant. C'est égal, repris-je, si le bon Dieu m'en fait la grâce, je serai bien généreuse à lui offrir tous les sacrifices qu'il exigera de moi, et quand je lui offrirais d'avance cette disposition, il me tiendrait compte de ma bonne volonté...

Le soir du même jour, à 5 heures et quart, une Sœur vint de la part de ma Sœur Guillaume, qui l'avait chargée de me dire que je lui ferais plaisir de venir voir ma

Sœur Stéphanie, qui était souffrante et alitée de la veille... Un éclat d'obus dans les jambes ne m'eût pas frappée plus rudement. Je me rappelais mon sacrifice du matin, et je vis mon rêve qui commençait à s'accomplir. Mes chères compagnes me voyant atterrée, me reprochaient ma faiblesse et m'encourageaient à m'y rendre. Je ne m'en sentis pas la force ; je fis remercier ma Sœur Guillaume et assurer ma bien aimée sœur que je la verrais le lendemain matin.

En effet, le lundi à 9 heures, j'étais auprès d'elle. Je fus effrayée de sa fièvre (120 pulsations) ; sa langue si chargée, son oppression, tout me frappa.

J'appris qu'elle s'était couchée le samedi soir, 9 juin, d'après l'invitation du médecin, qui avait promis que ce ne serait rien, qu'un peu de repos et de tisane la remettraient ; que le 10, comptant se lever pour la sainte Messe, elle était tombée en défaillance et n'avait pu se tenir debout un instant...

Je fus obligée de la quitter assez vite,

après lui avoir promis de revenir le lendemain.

Le mardi, Sœur E. Berrier vint m'accompagner ; nous trouvâmes notre chère malade de plus en plus fatiguée. Le docteur avait prescrit la teinture d'iode en frictions, soupçonnant l'existence de tubercules au côté droit, donnant des espérances dont on devait profiter pour envoyer notre amie prendre l'air natal. Ma Sœur Guillaume me fit part de son intention de faire des démarches auprès des Supérieurs pour obtenir cette faveur, afin que dès qu'elle serait en état de voyager, on ne mît aucun retard. J'applaudis à cette mesure, tout en redoutant l'impression que cette nouvelle pouvait faire sur notre chère sœur, qui se rappellerait probablement la conduite de notre Sœur Séraphine, en pareille circonstance, et je ne doutais pas qu'elle n'eût le désir de l'imiter jusqu'au bout.

Je parlai de ce projet à Stéphanie, qui me répondit que Notre-Seigneur faisait trop bien ses affaires pour avoir la moindre inquiétude ; que, pour elle, un seul souci

la préoccupait : c'était de bien profiter de
ses souffrances.

« Que penses-tu de mon état ? me dit-
elle. — Mais, toi-même, répondis-je, qu'en
penses-tu ? — « Je ne connais pas les forces
« humaines, mais il me semble que, lors-
« qu'on marche de ce train, on ne peut aller
« loin. » — Je pense comme toi, lui dis-je.
Et comme nous étions seules, je lui racon-
tai mon rêve. Elle se leva sur son séant, me
prit les mains dans les siennes ; je me mis
à genoux, et nous dîmes ensemble : « Oui,
« ô divin Jésus, disposez de nous, quand
« vous le voudrez, comme vous le voudrez,
« et parce que vous le voudrez. »

C'était une oraison jaculatoire de Sœur
Séraphine. Notre chère Stéphanie se l'ap-
propriait souvent. Pendant qu'elle était
assise sur son lit, j'entendis un tel bruit
dans sa poitrine, que je l'auscultai. « Eh
bien ! me dit-elle, qu'y as-tu compris ? » —
Le voici : Que ma petite Stéphanie est sur
l'autel du sacrifice comme une victime prête
à être immolée à Notre-Seigneur. — Ah !
« parlez-moi de cela ! Voilà une bonne

« pensée ! Merci, ma Joséphine, tu sais tou-
« jours me dire des choses agréables. Je
« suis sèche et aride, je ne sais que dire au
« bon Dieu. Voilà ma prière jusqu'à ce que
« tu reviennes : Seigneur, voici votre pe-
« tite victime, immolez-la quand il vous
« plaira. »

Un énorme vésicatoire lui fut appliqué
sur le dos et la soulagea très peu ; les re-
doublements augmentèrent ; la fièvre, dès
le 14, s'éleva à 160 pulsations. Le 15, j'en-
voyai prendre de ses nouvelles ; on me
répondit que les nuits étaient toujours agi-
tées, et que les jours voyaient deux forts
accès, sans un instant d'intermittence.

CHAPITRE XIV

Progrès du mal. — Sa joie intérieure.

———

Le 16, je m'échappai au premier instant
libre. Dès que nous fûmes seules, elle me
pria de la laisser consumer sa vie en silence.
« Je serais heureuse d'aller mourir à la
« Maison-Mère, dans l'infirmerie du sémi-
« naire ; là, comme notre sœur Séraphine,
« je ne m'occuperais que de Dieu seul ;
« mais, puisque tu m'as dit que je n'étais
« plus transportable, j'en fais le sacrifice au
« bon Maître. Ici, gardons le silence, n'é-
« cris à personne ; que maman surtout ne
« sache rien, car elle arriverait de suite, je
« la connais bien, et je n'ai pas oublié ce
« qu'elle a éprouvé lorsqu'elle apprit le

« dangereux état de Séraphine. Rien ne put
« la retenir, elle vola à Paris, je la suivis,
« et je pus la ramener à Metz ; au lieu qu'à
« présent, elle n'aurait plus personne pour
« s'en retourner avec elle... — Voyons, José-
« phine, comment me trouves-tu aujour-
« d'hui ? Le signal du départ pour la patrie
« est-il donné ? » — J'ai déjà vu bien des
jeunes personnes s'en aller au ciel par le
même genre de souffrances que tu endures,
mais jamais je n'ai vu faire tant de besogne
en si peu de temps ! — « Ah ! tu trouves
« que cela va vite ? » — Oui, dans un jour
tu fais le chemin qu'une autre ferait dans
un mois. — « Quel bonheur ! Notre-Sei-
« gneur m'a donc dit la vérité ! » ajouta-t-elle
d'un air joyeux et enfantin. — Notre-
Seigneur n'est-il pas lui-même la vérité et
la vie ? Que t'a-t-il dit ? — « Je l'ai vu, ce
« matin, non des yeux du corps, mais d'une
« manière que je ne puis t'expliquer. Il était
« là, près de moi, cloué sur la croix, cou-
« vert de plaies, comme sur le Calvaire ; il
« ne m'a rien dit, son regard expressif me
« parlait assez. Il me souriait, il avait l'air

« content, comme s'il disait : C'est bien,
« tu souffres pour moi. Courage, tes souf-
« frances unies aux miennes sont agréables
« à mon Père. Le temps est court... Cou-
« rage, ne perds rien. Tes tristesses seront
« changées en joie, tes douleurs en conso-
« lations infinies !... Et moi, j'ai répondu :
« O Jésus, mon Sauveur ! ô mon Tout ! que
« ne puis-je répondre à votre amour, à votre
« miséricorde par mille sacrifices ! Vous
« êtes mort pour moi, que ne puis-je mourir
« pour vous ! J'unis mes douleurs à vos
« douleurs, frappez, brisez, ne m'épargnez
« pas dans le temps, pour que je sois unie
« à Vous dans l'éternité. » Je ne puis te
rendre, chère Léopoldine, l'expression angélique de notre Stéphanie à ce moment...

Je pleurais sans pouvoir me cacher... Je
pris pour prétexte de me retirer que je la
fatiguais et que le docteur lui avait recommandé le silence. « On ne se *lasse* pas, me
« dit-elle, en parlant de Celui que nous ai-
« mons ! Quand je pense à mon cher Jésus,
« je me meurs de ne pouvoir mourir ; avec
« toi, je pense tout haut, je n'ai rien de

« caché pour ton âme si liée à la mienne,
« car nous sommes *une* seule âme, un seul
« cœur, unis dans le Cœur de Jésus !
« Ma Joséphine, que je te remercie de me
« faire tant de bien ! Achève ta mission,
« soutiens-moi dans mes derniers moments.
« Prépare-moi au grand voyage pour le ciel,
« je ne t'y oublierai pas !... » — Je l'espère
bien, lui dis-je en m'arrachant d'auprès
d'elle, car je suffoquais...

Je ne la revis que deux jours après. La
maladie allait toujours croissant, la fièvre
plus forte, les forces s'amoindrissant.

Le 18, lundi, je me rendis auprès de
notre cher ange. Sœur Berrier était avec
moi, elle lui exprima beaucoup de joie de
sa visite. « Ma petite tante Élise, lui dit-
« elle, que je suis aise de vous voir ! Eh
« bien ! comment allez-vous ? Êtes-vous
« bien sage, bien raisonnable ? Oh ! c'est
« que je vous connais, je vous vois d'ici,
« vous regardez Joséphine avec un air de
« compassion, et tout en servant vos remè-
« des, vous poussez des soupirs qui répon-
« dent à ceux de ma sœur ; les larmes vous

« viennent aux yeux en la voyant pleurer.
« Je sais tout, dites que ce n'est pas ? Allons,
« ma tante, soyez forte, il faut que vous
« donniez du courage à Joséphine, et que
« vous la grondiez quand elle fait ce que
« vous faites. » Puis, elle prenait le mou-
choir de ma compagne, et lui essuyant
gracieusement le visage, elle la consolait et
lui demandait si elle n'était pas plutôt jalouse de son bonheur; qu'elle n'était pas
assez généreuse pour céder sa place à qui
que ce fût, mais qu'elle était si contente,
qu'il ne fallait ni la plaindre ni la regretter.

C'est ainsi que cette chère sœur savait
parler à chacune le langage le plus propre
à faire du bien au cœur. Celui de notre
Sœur Élise était sincèrement et douloureu-
sement affecté. Mais notre bonne Stéphanie,
qui lui était non moins affectionnée, ne
l'oublie pas, maintenant qu'elle est au ciel,
d'ailleurs elle nous l'a promis.

Le 19, mardi, ma Sœur Guillaume vint
trouver notre Mère Générale pour lui annoncer que le médecin jugeait Sœur Stéphanie dans le plus grand danger, pouvant

être asphyxiée d'un moment à l'autre. Elle demanda à notre très honorée Mère de m'emmener et de me garder près de ma sœur.

Tu sens, chère Léopoldine, toute la reconnaissance que je dois à ma Sœur Guillaume de cette attention de sa part. Oh! que le bon Dieu lui en réserve une éternelle récompense.

Je partis avec cette respectable Sœur; ma Sœur Gautarel vint nous accompagner, car elle n'avait pas encore vu notre chère malade, qui nous reçut avec son air toujours content, toujours heureux. Elle était pourtant bien mal. Le pouls montait à 200... Son oppression, ses battements de cœur la rendaient violette. Un nouveau médecin appelé, l'examina avec soin; il confirma ce qu'avait dit M. Gérardin, son médecin ordinaire. En s'en allant, il laissa tomber cette phrase: « Pauvre jeune Sœur! un cheval « suffit pour emporter un homme! celle-ci « en a deux..... » Bon M. Sarret, vous ne disiez que trop vrai!...

A peine fut-il parti, que ma Sœur Gautarel voulut aussi s'en aller; paraissant céder à un mouvement de son cœur, elle dit à notre chère Stéphanie : « Je vois que vous souffrez beaucoup. Comme je sais que la présence de votre sœur vous fait du bien, je vais vous la laisser, n'est-ce pas ?... » C'était par ménagement que ma Sœur Gautarel parlait ainsi, pour que Stéphanie ne pût pas penser qu'elle mourrait donc bientôt, puisqu'elle consentait à me laisser. Mais notre amie avait tout compris d'avance ; en m'apercevant, elle m'avait dit : « C'est fini, je l'espère, tu ne t'en iras plus, « que lorsque je n'y serai plus moi-même. » Aussi, étais-je comme brisée, anéantie, spectatrice silencieuse de tout ce que je voyais et entendais... Je laissai partir ma première d'Office et je m'installai près du lit de ma chère et bien-aimée sœur.

Quand nous fûmes seules, elle m'embrassa : « C'est demain le plus beau jour « de ma vie. Je serai administrée ! Comme « tu vas m'aider, ma Joséphine, à me pré- « parer à cette belle fête. »

Ma Sœur Guillaume étant revenue, je lui demandai la permission de rester la nuit auprès de notre chère mourante ; elle fit quelques difficultés, craignant de me trop fatiguer, mais enfin, elle eut la bonté d'y consentir, désignant ma Sœur Hélène, sa voisine de lit, pour veiller avec nous, dans le cas où nous eussions besoin d'aller et venir dans la maison, que je ne connaissais pas assez.

CHAPITRE XVI

Une nuit près de la chère mourante.

———

Que de choses je pourrais te dire de cette heureuse nuit, bien chère sœur! Il me semblait entendre sainte Monique conversant avec saint Augustin des choses du ciel, peu de jours avant sa mort.

Les pensées, les désirs de ma Stéphanie, ne se portaient plus que vers la patrie céleste qu'elle entrevoyait déjà. Voici un petit résumé de nos entretiens:

« Comme tu es oppressée, chère amie! Mais il n'est pas possible que tu sois arrivée à cet état tout d'un coup, tu devais souffrir depuis longtemps. Et tu n'as rien dit? Ce n'est pas bien. — « Oui, il y a bien quelque

« temps que je ressens du malaise, je l'ai dit
« deux ou trois fois ;· puis, voyant que le
« bon Dieu ne permettait pas que l'on y fît
« attention, je compris qu'il voulait être le
« seul confident de mes souffrances, et qu'il
« en ferait son affaire. — Quelles douleurs
éprouvais-tu ? — D'abord, j'étais convain-
« cue, et j'en avais sans cesse des preuves,
« que je ne faisais pas à mes enfants le bien
« que Notre-Seigneur attendait de moi ;
« défaut de ferveur et de générosité, sans
« doute, peut-être aussi défaut de caractère
« et de capacité. Je m'offrais sans cesse à
« notre divin Maître, comme victime, pour
« obtenir leur conversion, car elles en ont
« réellement besoin. Que je serais heureuse,
« si j'étais exaucée ! Tout ce mois-ci, mon
« oraison jaculatoire était ce verset : « Du
« fond de l'abîme je crie vers vous Seigneur,
« Seigneur exaucez ma prière. » — C'est que
tu étais malade, tu manquais de force physique, et ton moral était affecté, tu voyais
tout en noir. — « Oh ! ce n'est pas cela. Le
« physique n'est atteint que depuis peu, et le
« moral est malade depuis longtemps. Tu

« sais que rien ne me retient sur la terre, que
« la volonté du bon Maître et le désir de l'ai-
« mer de plus en plus, car j'ai souvent présent
« à l'esprit ce que notre Mère Buchepot
« nous disait, pendant mon séminaire : que
« le privilège de cette vie, c'est de pouvoir
« avancer dans l'amour de Dieu ; qu'au ciel,
« nous garderions éternellement le degré
« d'amour atteint à la mort... Je sens bien
« que je n'aime pas encore assez pour mou-
« rir ; cependant, la miséricorde divine est si
« grande, qu'elle peut augmenter prompte-
« ment son amour dans mon cœur, afin que
« je puisse bientôt la bénir et la louer... O
« mon céleste Époux ! divin Jésus ! appelez-
« moi à vous, si c'est votre bon plaisir ; mais
« daignez me préparer, vous-même, à vous
« offrir ma vie en sacrifice ! » — N'est-ce pas,
que tu es heureuse maintenant d'avoir toujours été au bon Dieu ? — « Hélas ! je n'ai
« pas été fidèle comme j'aurais dû l'être. C'est
« là tout mon regret. Notre-Seigneur a tou-
« jours été si bon pour moi ! Il éclairait mon
« esprit, il touchait mon cœur et me faisait
« sentir qu'il me voulait toute sienne. Et moi,

« je disputais avec lui. Ainsi, s'il me disait :
« Fais-moi ce sacrifice, pratique ce renon-
« cement, tais cette parole, accepte cette
« confusion, je lui répondais quelquefois :
« Mais, c'est insupportable ; je n'en ai pas le
« courage ; je vous en prie, ne me tyrannisez
« pas ainsi ! Et ce n'était pas assez souvent
« que j'avais à lui répondre : Je n'ai rien à
« vous refuser... »

Cette dernière phrase ramenait d'anciens
souvenirs. Elle appuyait dessus et me regardait d'un œil significatif. En effet, une
histoire tout entière se déroulait devant
nous, ce qui nous arrivait souvent avec Stéphanie : elle était si adroite et pour faire
plaisir et pour sanctifier toutes choses ! Je
prends ce fait, sur-le-champ, pour t'en
donner une preuve...

En 1854, revenant de soigner les choléri-
ques, on me permit de prendre notre chère
Stéphanie pour aller te voir à Saint-Cloud.
Quelle douce réunion, à nous trois ! Vous
me fîtes raconter toutes les circonstances
de mon voyage à Saint-Blin ; nous parlâmes
du bon et saint curé, de ce charmant vil-

lage. Et citant cette réponse de M. le Curé, que je priais de vouloir bien nous rendre un service : « Ma chère Sœur, je n'ai rien à vous refuser », Sœur Stéphanie la trouva si admirable de bonté et de noble simplicité qu'elle l'adopta, et tu vois, chère amie, l'usage qu'elle en faisait.

Je sais, chère Léopoldine, que ma petite digression ne te fait pas de peine, cependant je me hâte de te reconduire auprès du lit de notre bien-aimé petit ange, afin que tu l'entendes encore me dire de si bonnes choses. J'avais beau l'engager à fermer les yeux pour se reposer : « Oh ! me répondait-« elle, mon corps ne dormira plus, que « lorsque mon âme jouira de la vue du bon « Maître ; il aura le temps alors ! mainte-« nant, j'ai faim et soif de causer avec toi de « notre Jésus. Tu me comprends si bien... » — Eh bien ! lui dis-je, raconte-moi quelles sont les vertus dont la pratique lui plaît davantage à ton avis ? — « Tu t'amuses, « mais n'importe. Ce que Notre-Seigneur « me faisait comprendre qu'il désirait de « moi, était la fidélité dans les petites choses,

« surtout dans la pratique de l'obéissance
« et de la mortification. Il voulait que je
« fusse très exacte à demander les moin-
« dres permissions. Dans les commence-
« ments, j'ai eu bien des combats. Comme
« ma Sœur est toujours très occupée, il me
« semblait entendre Satan qui me soufflait
« à la porte de son cabinet : Quoi ! déranger
« une Supérieure pour si peu ! Il m'est
« arrivé d'être déconcertée et d'hésiter, puis
« me demandant si mon devoir m'obligeait
« d'aller outre ; je reconnaissais la source
« du mauvais conseil et je n'en mettais que
« plus d'empressement à observer nos sain-
« tes Règles... Heureusement que mon bon
« ange était le seul témoin de ces luttes
« avec notre ennemi commun. Elles étaient
« parfois assez fortes. Cornu me disait que
« je serais grondée. — Tant mieux ! ce sera
« du profit pour moi, disais-je, et une of-
« frande de plus à faire à Notre-Seigneur ;
« et je m'avançais avec courage, m'en re-
« tournant contente, de quelque manière que
« la chose se fût passée.

« J'en suis encore plus contente à pré-

« sent ; comme aussi d'avoir fait mes actions
« en esprit de dépendance, les plus simples,
« les plus insignifiantes , comme entrer,
« sortir de l'office ; j'en rendais compte à
« ma compagne.

« Pour la mortification, je me rappelais
« ce que nous disait, pendant mon sémi-
« naire, le cher oncle de Gratz : *La base de*
« *la perfection, c'est l'esprit de mortifica-*
« *tion.* Ma Sœur Directrice nous le disait
« aussi très souvent. Elle nous engageait à
« porter cet esprit jusque dans les choses
« les plus simples en apparence. Mon oncle
« nous donna pour exemple deux personnes
« qui, se promenant ensemble dans un jar-
« din , aperçoivent une rose dont l'éclat
« éblouit leur regard, tandis que son par-
« fum charme leur odorat. La première a
« le désir de la cueillir, mais, réfléchissant
« qu'elle peut offrir ce plaisir en sacrifice à
« Dieu, elle le fait avec empressement, en
« détournant sa vue et ses mains. L'autre,
« au contraire, se hâte de la cueillir et de
« la flairer, tout en remerciant la divine
« Providence d'avoir mis sur les pas

« de l'homme des objets qui lui sont si
« agréables.

« Et mon oncle ajouta que certainement
« l'action de la première personne est infi-
« niment plus agréable aux yeux de Dieu
« que celle de la seconde, et qu'une âme
« qui voulait plaire à sa divine Majesté
« devait, dans toute sa conduite, suivre ce
« beau mouvement qui porte à la privation
« des plus innocentes satisfactions... »

C'est ainsi que se passa cette nuit si ins-
tructive pour moi. Ma Stéphanie me dévoi-
lait les secrets de son âme, sans s'en douter,
car elle croyait simplement me confier le
regret qu'elle avait de n'avoir pas assez profité des saintes leçons qu'elle avait reçues,
tout en étant assurée que c'était cependant
le seul moyen de prouver à Notre-Seigneur
et son amour et son désir de jouir de sa
présence dans le ciel.

Dès que les quatre heures sonnèrent, toutes nos Sœurs parurent, l'une après l'autre,
pour s'informer comment la chère malade
se trouvait. C'était un beau spectacle qui
se renouvelait tous les matins; et jamais je

ne me lassais d'admirer ces témoignages si sincères et si empressés d'intérêt et d'affection réciproques.

C'était donc le mercredi, 20 juin. Après avoir terminé mes prières et entendu la sainte Messe, je demandai de venir à la Communauté prendre mes permissions auprès des Supérieurs, afin de pouvoir régler les affaires de notre chère mourante, avant qu'elle reçût les derniers Sacrements. Elle me donna ses commissions pour son bon Père Directeur, et la Providence me servit si bien que ce fut la première personne que je vis en entrant dans la Maison-Mère.

Je pris près de ce respectable Père tous mes renseignements, toutes mes permissions. Il eut la bonté de m'écouter et de me répondre avec sa charité ordinaire. Je pus aussi parler à notre très honorée Mère, voir mes chères compagnes et avertir le bon M. T., le priant d'avoir l'obligeance de venir confesser Sœur Stéphanie, car le confesseur ordinaire qui, tu t'en souviens, est d'ailleurs bien sourd, était absent.

Au bout d'une heure, j'étais de retour et,

à peine rentrée, nous eûmes la visite du
Dr Heurteaux. Il nous dit qu'il venait en
ami ; il examina ma sœur en conséquence.
Habituée à le suivre auprès des malades,
je compris, à sa réserve, qu'il n'avait aucun
espoir, et même qu'il était surpris de trouver le mal si imminent. Il demanda à ma
Sœur Guillaume de procurer une chambre
plus aérée. « Ce dortoir, dit-il, est trop
petit, ce plafond trop bas, ces lits trop res-
serrés, etc., etc. » Stéphanie écoutait avec
calme et résignation. Son regard seul exprima au docteur ses remercîments et sa
reconnaissance. Quand nous fûmes seules,
j'attendais une réflexion de regret ou d'inquiétude, mais elle me dit avec un air
joyeux : « Encore quelques heures, et je
« serai administrée. Voilà tout ce qui m'oc-
« cupe, aide-moi à me préparer. »

On vint, peu après, lui dire que ma Sœur
Supérieure établissait un lit au premier
étage, dans la salle qui servait de chapelle,
il y avait à peine un an, et que nos Sœurs
venaient pour l'aider à y descendre. Au
lieu de se réjouir, elle se confond de la

peine qu'elle donne. Nous la descendons.
Sœur Guillaume lui fait admirer la grandeur, la propreté de cette salle, le bon air
qu'on y respire, les trois fenêtres par lesquelles il peut entrer ; enfin, elle semble
lui dire qu'elle s'y trouvera parfaitement.
« Oh ! ma Sœur ! répond notre chère Sté-
« phanie, je vous suis bien reconnaissante
« de votre charité. Quand Notre-Seigneur
« est venu tant de fois s'offrir ici en sacri-
« fice, je serai heureuse de lui offrir aussi
« le mien. »

Puis elle m'ajouta, tout bas : « Je t'avoue
« que c'est le seul point de vue qui me tou-
« che ; sans cela, j'aurais plutôt du chagrin
« de mourir dans un lieu qui ressemble à
« un salon. Vois-tu encore la marque du
« marchepied de l'autel, là, tout à côté
« du lit ? Et mes oncles y ont dit la sainte
« Messe ! C'est le même mur, le même pla-
« fond, les mêmes rideaux. Voici la place
« où je priais. Oh ! Notre-Seigneur me
« gâte bien, dem'amener dans un lieu sanc-
« tifié par le long séjour qu'il a daigné y
« faire lui-même. »

Après cette installation, nous passâmes quelques heures recueillies; Sœur Stéphanie oubliait ses souffrances pour ne penser qu'aux grâces qu'elle allait recevoir.

CHAPITRE XVII

Sœur Stéphanie reçoit les derniers Sacrements.

———

Toutes choses étant disposées, vers deux heures de l'après-midi, un vicaire de la paroisse entra dans la nouvelle infirmerie, portant entre ses mains le saint Viatique. Toutes nos Sœurs, dont plusieurs avaient un cierge à la main, lui faisaient cortège. Les orphelines et d'anciennes élèves eurent la permission d'assister à cette touchante cérémonie. Notre angélique Sœur rayonnait de bonheur à la présence de son divin Jésus. Il semblait qu'elle allait ne plus le laisser partir, mais qu'elle prendrait son essor pour le suivre.

Le digne prêtre lui parla d'une manière
admirable de la reconnaissance qu'elle devait à Notre-Seigneur, qui l'avait, dès sa
plus tendre enfance, choisie, distinguée du
milieu de la masse corrompue du monde,
afin de l'attirer toute à lui; d'avoir permis
que dès sa jeunesse elle goutât combien le
joug du Seigneur est doux, qu'elle fût élevée
dans l'innocence et la piété, qu'elle eût la
force de briser les liens qui la retenaient
dans la maison de son père, et de fouler
aux pieds tout ce qui pouvait la rendre
moins digne d'appartenir à Dieu ; que le
temps était venu de se montrer, plus que
jamais, résignée, unie au bon plaisir de cet
adorable Maître, et de lui sacrifier généreusement sa vie, s'il le voulait...

La contenance de notre chère Sœur et l'expression de sa physionomie faisaient assez
comprendre son adhésion aux paroles de
ce saint prêtre, qui paraissait avoir une entière connaissance de la vie de notre sœur,
tant il parlait judicieusement. Et comme
on demanda à ce Monsieur s'il avait eu
des renseignements sur la malade pour lui

faire son exhortation, il répondit qu'il ne se souvenait pas de lui avoir jamais parlé, mais que sa tenue à l'église, et tout l'extérieur de sa personne parlait pour elle...

Le temps de l'action de grâces étant passé, ma Sœur Guillaume s'approcha du lit de la malade ; celle-ci lui tendit les bras, d'un air tout à la fois plein de respect et d'affection. Sa Supérieure l'embrassa et lui parla quelques instants, avec sa bonté ordinaire.

C'est ici l'occasion de te signaler, ma chère sœur, l'esprit de foi qui animait notre chère Stéphanie, à l'égard de sa bonne Supérieure. Toutes les fois que ma Sœur Guillaume venait la voir, je n'avais pas besoin de me retourner pour savoir qui entrait. L'expression du visage de Sœur Stéphanie me disait assez que c'était la dépositaire de l'autorité du bon Dieu à son égard... Tout en elle portait l'empreinte du respect, de la reconnaissance et de l'affection. Tout en elle allait, pour ainsi dire, au-devant de la bonne Mère. Et s'il en était ainsi, au milieu des plus vives douleurs, que devait être notre sœur, dans son office, avec ses

enfants, quand elle recevait la même visite?
« Il nous suffisait de regarder notre maîtresse, disent ses enfants, pour apprendre
comment nous devions être dociles, respec-
tueuses et polies avec *maman* Supérieure. »
Toutes nos Sœurs disent aussi qu'elles ont
toujours eu dans leur compagne un modèle
d'esprit de foi, d'obéissance et de respect filial
à l'égard de l'autorité... C'est ce que nous
avons reconnu jusqu'à son dernier soupir,
qu'elle a rendu la face tournée vers ma
Sœur Guillaume, comme pour lui rendre
ses derniers hommages en quittant la terre.

CHAPITRE XVIII

**La chère mourante reçoit de consolantes
visites de la part des Supérieurs.**

Vers les quatre heures, Notre-Seigneur
ménagea à notre chère mourante une grande
consolation. Ce fut la visite de notre vénéré
Père Directeur. C'est ma Sœur Assistante,
notre bonne Sœur Azaïs, qui avait pu le décider à venir, une dernière fois, bénir une de
ses filles. Je ne savais si je devais en croire
mes yeux. Stéphanie reconnut de suite le
bon Père; elle le remercia, en se confondant
de la faveur qu'il lui accordait. Elle remercia aussi bien vivement la Mère Assistante.
On la laissa, un instant, seule avec le Père
Directeur. Elle me dit, après son départ,

qu'elle avait bien vite ramassé les plus gros péchés de sa vie pour s'en humilier encore devant le bon Dieu et en obtenir une dernière absolution, ce qui lui avait été accordé, en sorte qu'elle pouvait chanter le *Nunc dimittis.*

Le temps s'avançait avec une rapidité effrayante ; une crise d'asphyxie survint vers six heures... En un clin d'œil, toutes nos Sœurs furent réunies. Sœur Thérèse récita les prières de l'agonie, Stéphanie les suivait avec ferveur. Arrivée à ces paroles : « Sortéz de ce monde, âme chrétienne, » la voix de Sœur Thérèse faiblit, elle semblait vouloir passer cette phrase, mais notre malade dit : « Oh ! ne craignez pas, c'est si beau : *Sortez de ce monde !* » et, regardant son crucifix, elle paraissait souhaiter de quitter, en effet, cet exil pour s'unir au divin Époux...

Les prières terminées, la crise s'apaisa. Notre ange se sentit encore sur la terre. Elle faisait son acte de résignation, quand le bon Maître lui envoya une de ces jouissances de l'exil qui sont le prélude des joies immortelles. Ce fut la visite de notre Mère en Jésus-Christ, de celle dont nous méditons chaque jour les instructions, et dont les avis reçus au séminaire tracent toujours notre ligne de conduite... Dès que notre chère Sœur Buchepot parut, je ne pus retenir une exclamation de surprise et de joie, qui fit tressaillir notre chère malade. Elle retrouva à l'instant ses forces et son énergie pour exprimer sa reconnaissance. Quelle entrevue! Quelle charité du côté de la Mère qui, ne sortant presque jamais, avait su ménager une si douce consolation à toutes deux!... Oh! ma chère Léopoldine! comme je remerciais le bon Dieu de tout mon cœur de récompenser ainsi tous les petits sacrifices de ma chère Stéphanie!

Ma Sœur Directrice se retira bien persuadée qu'elle ne passerait pas la nuit. Mais Notre-Seigneur voulut bien nous la laisser encore. Le lendemain, fête de saint Louis de Gonzague, nous la trouvions mieux. Le docteur demanda, avant d'entrer, si elle vivait encore ; il fut surpris agréablement de la retrouver toujours vivante, gracieuse et reconnaissante de ses soins. Il lui promit de nouveaux vésicatoires, quand il y aurait de la place sur son dos pour en appliquer. Hélas ! il eût été difficile d'en trouver. Tout était à vif et, quand nous la pansions, elle nous représentait notre divin Sauveur flagellé !...

Voici une pensée qui la préoccupait souvent, et qu'elle m'a répétée sur tous les tons : « Notre-Seigneur ne nous a pas donné une « moindre preuve de son amour en nous « permettant de souffrir pour lui, que lors- « qu'il a tant souffert pour nous. » Ce jour-là, j'en ai été frappée comme on l'est d'une vérité très importante, très nécessaire à savoir, que l'on entend pour la première fois. Jamais, il me semble, je n'avais ni lu, ni entendu exprimer cette pensée, qui était pourtant le motif de la joie de Stéphanie dans ses douleurs. Et cependant, sainte Thérèse en s'écriant : *Ou souffrir ou mourir ;* sainte Madeleine de Pazzi : *Souffrir et non mourir ;* saint Jean de la Croix, pour prix de ses travaux, demandant *de souffrir et d'ê- tre méprisé ;* saint François-Xavier voyant d'un œil prophétique les labeurs qui l'attendaient, disant : *Encore plus ! Seigneur, encore plus !* tous ces saints nous exprimaient-ils autre chose que cette pensée ?...

CHAPITRE XIX

La malade s'oublie elle-même
et fait la charité spirituelle aux autres.

————

Dès cet instant, je compris mieux encore les mouvements, les pensées et les sentiments de notre malade. Je la voyais déjà faire sa résidence dans le Cœur de Jésus, et de là, ne se pencher, pour ainsi dire, vers nous que par charité, pour nous faire encore tout le bien qu'il lui était possible. C'est ainsi qu'elle disait à ma Sœur Anastasie, qui la veillait : « Mon cœur est comme un hôpital où je vois bien des malades à soigner. » Puis, elle nous nommait les unes après les autres, en nous plaignant de nos douleurs et en priant pour nous.

Quand une élève ou une de ses chères compagnes s'approchait d'elle, elle saisissait aussitôt cette occasion pour leur rendre le service d'un bon conseil, ou d'un avis utile. « Ma chère petite tante, dit-elle à une « de nos Sœurs, vous savez qu'au moment de « la mort on y voit plus clair, dans les choses « spirituelles, que pendant le cours de la vie? « Eh bien! pardonnez-moi de vous laisser « cette parole comme souvenir : « Une Fille « de la Charité, qui dit, tous les matins, « dans son oraison : Mon Dieu, vous êtes « mon Père, et qui, durant la journée, se « permet même une réflexion contre celle « qui nous tient sa place, n'est pas une fille « digne de Dieu. »

Dans l'après-midi, nous reçûmes la visite de notre chère Sœur Narishkine qui, venant d'être informée de l'état de Sœur Stéphanie, s'empressait de se recommander à elle avant son départ pour le ciel. Elle lui conduisait une de ses compagnes de séminaire qui avait conservé le souvenir de la conduite édifiante qu'avait eue dès ce temps notre bien chère sœur, et qui se trouvait bien privilégiée de lui faire ses adieux. Notre amie les reçut avec une vive joie, et les remercia bien affectueusement de leur charité. Elle leur témoigna naïvement son désir de faire la volonté de Dieu vivant ou mourant, puis elle ajouta : « Il me faudra de la rési-« gnation pour vivre, tandis que je ne vois « que de l'avantage à mourir... »

Elle parla dans le même sens à ma Sœur Gautarel, qui le lendemain la plaisantait, lui disant : « Vous vous croyiez à la porte du Paradis, mais saint Pierre ne vous a pas encore trouvée assez bonne ; il vous a renvoyée sur la terre pour y expier vos vieux péchés et travailler à votre perfection, car il n'y a que les parfaits qui entrent dans le ciel... » Notre Stéphanie écoutait ma respectable compagne avec un air de conviction qui me fit sourire, et jetant un gros soupir : « Oh ! c'est bien dommage d'avoir « manqué mon coup, dit-elle, je ne serai « jamais mieux disposée. »

Notre-Seigneur eut pitié de son chagrin. Un accès de fièvre survint ; il fut si long et si violent que son espérance se ranima.

6.

« Qu'en dis-tu ? me demanda-t-elle, voyant
« mon air consterné. Ta figure s'allonge joli
« ment... » J'étais seule avec elle, et ne pouvant lui répondre tant j'avais le cœur gros,
je déposai un baiser sur son front. « Ce
« n'est pas bien ! reprit-elle. Tu ne te sou-
« viens donc pas de ce que te disait Séra-
« phine ? Je te le répèterai : Souviens-toi,
« ma Joséphine, que nous sommes *sœurs*
« selon la grâce, et selon la nature ; or, la
« grâce doit toujours l'emporter sur la na-
« ture. Nos saintes Règles nous défendent
« de nous embrasser, il faut donc nous
« interdire cette satisfaction. »

C'est vrai que Séraphine m'avait dit ces
paroles, et que j'avais dû m'y conformer,
mais avec ma chère Stéphanie, j'étais plus
à l'aise, et la réplique ne me manqua pas.
Je pus répondre que, bien au contraire,
j'étais dans mes droits, même d'après la
Règle, qui me permet de donner ce signe
de charité à mes Sœurs au moment d'un
départ... « C'est vrai, dit-elle, je vais partir... je vais au ciel. Oh ! quel bonheur ! »

CHAPITRE XX

**Définition de la mort par Sœur Stéphanie.
Son « De profundis ».**

———

Tout le reste de cette journée et celle du samedi fut un temps bien précieux pour s'unir au sacrifice du Calvaire. J'étais là, silencieuse et attentive. Ma Stéphanie ne pouvait parler, mais nous nous comprenions. Quelques oraisons jaculatoires qui s'échappaient de son cœur, de temps en temps, me montraient son esprit occupé de notre divin Sauveur, de notre Immaculée Mère, de son Ange gardien, de saint Vincent, etc. Elle habitait le ciel plus que la terre.

Un instant, elle fixa le pied de son lit, où

pendaient son chapelet et son christ; il semblait qu'elle souriait à une personne; je lui demandai qui elle regardait : si c'était la mort? « La mort, reprit-elle en souriant, « la mort, est-ce une personne? La mort, « c'est une porte qui s'ouvre, et derrière je « verrai mon cher Jésus qui me tend les « bras... Venez, Seigneur Jésus! Venez! « ouvrez cette porte, et je m'élancerai vers « vous!... » J'ai trouvé cette définition de la mort si simple et si douce, qu'elle me fit une vive impression. J'admirai la confiance et le calme des âmes qui sont à Notre-Seigneur dans les instants où il semble que la nature devrait frémir et trembler.

Ce jour-là, Sœur Stéphanie espérait que notre divine Mère viendrait la chercher. Mourir un samedi lui paraissait une grande faveur, aussi, quand arriva le dimanche matin, elle me dit d'un air enfantin : « Puisque ma bonne Mère n'est pas venue « me chercher hier, je lui ai dit de me lais- « ser aujourd'hui, parce que c'est le jour « de saint Jean-Baptiste; que l'oncle d'Olley « ne serait pas content que je sois morte le

« jour de sa fête, et que ma Sœur Cécile qui
« est à la communauté pour faire les saints
« vœux, serait trop triste, en rentrant ce soir,
« de ne plus me retrouver. »

— Et tu crois que la sainte Vierge t'écou-
tera ? — « Mais oui ! » — Demande donc de
ne pas mourir demain, non plus. — « Oh !
non, certes, j'espère au contraire que ce
sera demain. »

Nous causions ainsi à trois heures et demie du matin. Après avoir fait nos prières,
elle me dit : « Renouvelons nos vœux avec
Sœur Cécile. » Je regardai la montre, elle
marquait cinq heures et quart ; c'était en
effet le moment où cette chère Sœur prononçait ses premiers vœux, et j'admirais
encore une fois la présence d'esprit de ma
chère malade, laquelle était une grâce bien
extraordinaire dans cet état de faiblesse...
La fièvre allait à 200. Ce n'était que redou-
blements les uns sur les autres, depuis la
veille. Le docteur avait ordonné la potion
stibiée pour les moments où l'asphysie devenait menaçante, mais les défaillances qui
survenaient forcèrent à la discontinuer. Sa

langue, couverte d'une pellicule blanche, m'annonçait assez qu'il ne fallait plus rien éspérer. Hélas! en présence d'un sacrifice, nous cherchons toujours à nous faire illusion!...Je voyais demander un miracle avec tant de ferveur, que j'osais encore y compter.

Mon cher petit ange me faisait de douces remontrances sur mon peu de résignation: « Tu y seras prise, me disait-elle, tu te « flattes toujours, et quand le moment sera « venu, tu n'auras pas préparé ton sacrifice, « tu ne le feras pas comme Notre-Seigneur « le veut...

« Pourquoi a-t-il été si bon de nous pré- « venir, de nous demander, presque, notre « consentement? C'est une extrême délica- « tesse de son pur amour, qui doit nous « rendre généreuses et nous faire regarder la « séparation comme consommée!... José- « phine, Notre-Seigneur ne m'avait-il pas « dit, pendant mon séminaire, que je mour- « rais jeune? Il ne faut guère dépasser vingt- « huit ans... Séraphine ne m'avait-elle pas « dit: Tu porteras la cornette autant que « moi? Calcule bien; tu verras que le temps

« est accompli. Tu sais bien que j'ai toujours
« regardé la terre comme un exil, et que
« c'est du fond du cœur, que je répétais
« avec sainte Thérèse : Je me meurs de ne
« pouvoir mourir... Ne désire donc pas mon
« retour à la vie quand tu me vois à la
« porte du ciel... »

— Tu n'as donc rien qui te rattache à ce
monde ? lui dis-je. Le souvenir de ma mère
n'ébranle donc pas ton cœur ? Et ta petite
maman (c'est ainsi qu'elle me nommait de
temps en temps) n'a donc plus de liens pour
ton âme qui est presque la sienne ?

— « Joséphine ! tu excites ma sensibilité
« sans autre profit que de me donner une
« secousse. Je ne puis plus pleurer.... Mais,
« d'ailleurs, au ciel je ne serai pas éloignée
« de vous... Le ciel est tout près des cœurs
« qui aiment Dieu. »

— Eh bien ! tu n'as pas les mêmes sentiments que notre chère Séraphine, qui me
disait : « Dans le ciel, on jouit de Dieu, on
« le loue, on le glorifie, on l'aime ; mais
« sur la terre, on travaille pour Dieu, on le
« fait louer, aimer, bénir, glorifier, par des

« âmes qui peut-être ne le connaîtraient
« pas, ne le serviraient pas... Pour moi,
« c'est tout un : jouir de Dieu ou travailler
« pour lui ; et même si Dieu me laissait le
« choix, je crois que je préférerais le sacri-
« fice, le travail, la souffrance, même jus-
« qu'à la fin du monde, aux joies du paradis,
« que j'espère d'ailleurs avoir plus tard... »

Stéphanie écoutait ceci avec un sourire
angélique ; je la croyais vaincue, mais je le
fus moi-même par sa réponse. « Pour moi,
« dit-elle, j'ai compris dès mon bas âge que
« le but de notre existence est d'imiter
« Notre-Seigneur, et que, pour l'imiter, il
« fallait vivre, comme lui, de souffrances et
« de sacrifices. Malheureusement, je n'ai
« pas été assez fidèle à mettre en pratique
« ce que notre bon Maître m'inspirait par
« cette conviction. Mais je suis si heureuse
« de lui offrir ma vie en sacrifice ! Je vou-
« drais si bien qu'il l'acceptât suivant nos
« conventions, pour sa gloire, pour le salut
« de ceux qui me sont chers, et surtout des
« âmes qu'il a mises à ma garde. Que j'ai
« hâte de lui prouver mon amour en réali-

« sant mon offrande ! Ah ! qui me donnera
« de voir mon Jésus, d'être sa victime
« d'amour et de m'immoler en holocauste
« parfait !... »

Tu sens, chère Léopoldine, que notre
aimée sœur m'aidait à supporter la vue de
la perte que j'allais faire ? Sa ferveur m'obtint
le courage d'unir mon sacrifice au sien. Je
recueillais chacune de ses paroles comme
étant les dernières confidences de celle que
j'aimais plus que moi-même et dont la sin-
cérité ne m'avait jamais fait défaut.

Sur le soir, l'oppression de sa poitrine
devenait plus forte ; mais, le dimanche, elle
fut si intense, qu'on ne peut rien s'imaginer
de plus douloureux. Les battements de cœur
et les soubresauts nerveux ne lui laissaient
pas un moment de relâche. Et cependant,
il semblait, à son doux sourire, à sa présence
d'esprit, que ce n'était pas elle qui souffrait.
Dès qu'on l'interrogeait sur son état, elle
allait toujours assez bien, ou pas trop mal,
et détournait de suite l'attention sur la fatigue qu'elle occasionnait à ses chères compagnes, ou sur la bonté de la personne qui se

dérangeait pour venir la voir. Elle n'a jamais rien demandé pour se procurer le moindre soulagement; pas même à boire, malgré le feu qui dévorait sa langue et la rendait semblable à un charbon embrasé et rugueux.

Mais ce qu'elle n'oubliait pas de me rappeler plus souvent que je n'aurais voulu, c'était ma mission, qui était, disait-elle, de la bien préparer à paraître devant Notre-Seigneur et de ne pas lui laisser perdre une minute, parce que le temps était court. Je n'avais, au reste, qu'à continuer haut les prières, les actes, les aspirations qu'elle commençait ; c'était le seul délassement qu'elle acceptât volontiers. Parler de Dieu, prier et souffrir: c'était désormais son office et toutes ses obligations. Aussi s'en acquittait-elle avec une ferveur admirable.

Dans ses plus fortes douleurs elle récitait le *De profundis*, tantôt en latin, tantôt en français. Elle me raconta que depuis plus d'un mois, c'était une de ses prières favorites, le cri qui répondait aux besoins de son cœur, invoquant sans cesse le secours du Dieu des infinies miséricordes, l'appelant du fond de l'abîme de ses misères, de ses faiblesses, de ses ennuis. Elle lui criait de ne point examiner ses iniquités, de ne point *observer* sa lâcheté, son impuissance, mais d'avoir égard à sa confiance en lui, et de ne point la laisser dans l'abandon et dans la confusion. Voilà, à peu près, ce qu'elle me traduisait de ses sentiments; mais il était facile de voir qu'elle sentait plus vivement qu'elle ne pouvait l'exprimer.

La nuit du dimanche au lundi fut si mauvaise, que Sœur Joséphine croyait à chaque instant la voir expirer. Je n'avais consenti à me retirer qu'à condition qu'on viendrait me chercher au moindre symptôme plus alarmant.

CHAPITRE XXI

Dernière journée.

———

On ne vint m'avertir qu'à trois heures. Dès qu'elle m'aperçut : « Bonjour, ma petite « maman ! Eh ! bien, je suis encore là ! « Faisons vite nos prières... nous n'aurons « pas besoin d'ajouter celle : Que m'arrivera- « t-il aujourd'hui, ô mon Dieu ? je n'en sais « rien... — car je le sais... » Elle me montra ses mains dont les ongles étaient noirs.

Lisant sur mon visage que je n'avais pas assez de foi à ce signe, elle ajouta : « Séra- « phine m'a répété trois fois : Stéphanie, « prépare-toi, c'est aujourd'hui... Je ne l'ai « pas vue, mais j'ai parfaitement reconnu « sa voix. »

Toute la matinée se passa en actes d'amour de Dieu, de désir de le voir, de l'aimer, de le posséder encore dans la sainte Eucharistie, en attendant le bonheur de jouir de sa présence dans le ciel... Elle me priait de ne pas la laisser s'absorber, car il ne fallait pas faire comme les vierges folles qui se laissèrent assoupir...

Le bon monsieur T... venait la voir tous les jours, vers deux heures de l'après-midi. Elle craignait de ne pas aller jusque-là, aussi conjurait-elle son bon Ange de l'inviter à se hâter. Le bon Ange, comme toujours, fit parfaitement sa commission. M. T... avoua que, tourmenté par un pressentiment, il était accouru. Il la trouva à l'extrémité. Elle le supplia de lui donner la sainte communion. Il combla ses désirs en allant lui chercher Notre-Seigneur. Elle le reçut avec une joie qui rayonnait sur toute sa personne. Son action de grâces fut longue et calme ; puis la teinte animée de son visage fit place à une pâleur verdâtre qui me glaça de terreur... Je lui pris le bras pour lui tâter le pouls, elle leva les yeux sur moi avec tant de douceur et d'un air si heureux, que je compris qu'il venait de se passer en elle quelque chose d'extraordinaire.....

« Tu dois être bien contente, lui dis-je ? Notre-Seigneur fait toutes tes volontés. Il vient de se donner à toi, comme gage de la vie éternelle ! — « Oh ! me répondit-elle « avec transport, oui ! j'en ai la certitude ! » Je me contins, pour ne pas laisser paraître la surprise que me causait son exclamation. — « Notre-Seigneur t'a donc dit quelque chose ? dis-le-moi. » Elle hésite un instant, mais mon regard suppliant la vainquait, et se penchant vers moi, elle me jeta cette confidence : « Après avoir reçu Notre- « Seigneur, songeant que c'était sa dernière « visite sous les espèces sacramentelles, « que je ne le verrai plus maintenant que « pour me juger, j'ai dit, effrayée de ma « misère : Mon bon Maître, j'ai tout de « même encore peur !... J'ai été si peu « fidèle... Et il m'a répondu : « *Pourquoi* « *crains-tu ? ne suis-je pas ton Tout ? nous* « *ne nous séparerons plus désormais...* »

Voilà pourquoi je suis si contente... » Elle se tut, et continua de parler à son cher Jésus... Un sentiment de respect pour cette âme chérie, me donna le courage d'étouffer mes sanglots... Je remerciai notre divin Maître de cette consolation...

Vers quatre heures, ma Sœur assistante arriva... « N'est-ce pas, dit-elle à notre amie, que vous m'avez envoyé votre bon Ange, car, depuis ce matin, je me sens pressée de venir vous voir? » — « Oh ! « non, ma Sœur, répondit-elle, je n'aurais « pas osé, vous avez tant à faire ! Je vous « suis bien reconnaissante de votre cha- « rité. » Elle pouvait à peine parler, tant l'oppression était grande. « Pauvre enfant ! dit encore ma Sœur Azaïs, vous souffrez beaucoup ? » (Elle était redevenue violette.) Un sourire gracieux et un regard de bonheur furent sa réponse. « Vous attendez que votre bon Ange vienne vous chercher ? » ajouta la bonne Mère assistante. « Oh ! qu'il « soit donc le bienvenu ! » reprit Stéphanie avec un élan qui montrait l'ardeur de ses désirs. La respectable Sœur, s'étant recom-

mandée aux prières de notre mourante, me
dit de la faire prier pour notre très honoré
Père, dont la santé donnait de vives inquiétudes et qui devait subir une opération très
douloureuse le surlendemain.

Je fis ma commission dès que nous fûmes
seules. Elle me dit de prier tout haut,
qu'elle me suivrait. Je le fis, et après avoir
recommandé au bon Dieu notre très honoré
Père, notre Père Directeur, notre très honorée Mère et son conseil, notre chère et
bonne Mère Buchepot, tous nos bienfaiteurs
spirituels et temporels, notre Saint-Père le
Pape, les besoins de l'Église, de la France,
la conversion des pécheurs, des hérétiques,
elle nomma d'elle-même ceux de la famille.
Puis elle ajouta : « Donnez, ô mon Dieu, le
« courage et la générosité à ma Joséphine ;
« faites que dorénavant elle ne vive plus
« que pour Vous seul, et ne tienne plus à
« rien sur la terre... Prenez sous votre
« protection spéciale ma sœur Léopol-
« dine, et faites-lui la grâce de persévé-
« rer avec humilité et renoncement dans
« notre chère vocation... Je vous confie

« ma mère, mes oncles et tous ceux qui
« me sont chers, donnez-leur de vivre et de
« mourir dans votre saint amour. Amen. »

Un grand silence succéda à ce suprême
effort. Elle l'interrompit plus tard avec ces
mots : « Joséphine, dis-moi quelque chose;
« je ne sais plus ce que je fais, prions. »
Je lui fis entendre que je n'avais de forces
que pour m'unir à la sainte Vierge au pied
de la croix. Comme cette bonne Mère, je
me soumettais à la volonté du Père Éter-
nel, et m'offrant en sacrifice avec son cher
Fils et aussi ma Stéphanie qui était clouée à
la croix de ce divin Sauveur. « Oh! oui,
« reprit-elle, qu'il veuille bien le recevoir! »
Et elle se remit à prier...

CHAPITRE XXII

Dernières paroles.

———

Vers six heures, Sœur Berrier étant venue, Sœur Stéphanie la reconnut aussitôt, et la remercia d'être assez bonne pour vouloir bien l'assister au moment du départ. Puis, regardant son crucifix qu'elle baisait à chaque instant : « Venez, Seigneur Jésus ! ve-« nez chercher votre petite Stéphanie, elle « vous attend... »

Ma Sœur Joseph, de Saint-Gervais, autrefois sa compagne aux Saints-Anges, arriva aussi. Sœur Stéphanie lui dit qu'elle était heureuse de lui faire ses adieux et qu'elle voyait de plus en plus que cette parole de Notre-Seigneur à une sainte, était bien vraie : *A l'heure de la mort, vous recueille-rez la consolation de tout ce que vous aurez fait sans consolation durant la vie...* Puis, elle prit les commissions de cette chère et aimée compagne, me demanda son For-mulaire pour y prendre une image qu'elle désirait offrir à ma Sœur Husson en sou-venir. De sa main tremblante elle en choi-sit une après avoir hésité quelques instants, me donnant la raison de sa préférence, qui me prouvait bien qu'elle voyait et pensait nettement. Quand Sœur Joseph se fut reti-rée, elle remercia encore notre bon Sauveur de ses attentions, puis, se tournant vers moi : « Le bon Dieu me gâte, à présent, « pourvu que ce ne soit pas un *à compte!* » C'était une allusion aux avis du cher oncle le missionnaire, qui nous avait écrit, il y a déjà longtemps : « *Toutes les satisfactions* « *que l'on se procure en ce monde sont des* « *à-comptes pour le Paradis. Heureux à* « *la mort celui qui a tout à recevoir, et* « *qui n'a reçu aucune récompense sur la* « *terre!* »

Sœur Stéphanie avait tellement été impressionnée de cette maxime, qu'elle en avait fait une des règles de sa conduite. Elle m'avoua encore, dans ses derniers jours, que ce qui réjouissait le plus, à l'heure de la mort, c'était d'avoir souffert, et qu'elle ressentait par expérience que le plaisir de mourir sans peine valait bien la peine de vivre sans plaisirs...

J'étais comme transportée dans un séjour inconnu, d'entendre ces paroles dans la bouche d'une mourante, qui par instants semblait n'être plus de ce monde et qui cependant faisait encore des réflexions si justes et si à propos.

Elle demanda à dire son chapelet et commença d'une voix forte et claire, comme si elle eût été avec ses enfants. Sœur Berrier lui dit de se contenter de la suivre, qu'il ne fallait pas qu'elle parlât si haut; mais nous n'avions pas fini la dizaine qu'elle voulut se lever. Sœur Thérèse lui demanda où elle allait. « Je poursuis ma route, dit-elle, car « je n'ai plus guère de chemin à faire. » — « Oh ! reprit Sœur Berrier, les malades voyagent dans leur lit, recouchez-vous,

vous arriverez tout de même. » Elle obéit
en disant : « Ce sera plus long et c'est bien
« fatigant pour une pauvre malade, d'at-
« tendre!... »

Elle regarda autour d'elle. Ses yeux
étaient comme vitrés, je crois qu'elle n'y
voyait plus; elle resta quelques minutes
comme affaissée. Nos Sœurs me firent
asseoir un peu plus loin, ma Sœur assistante avait recommandé qu'on ne me lais-
sât pas lui voir rendre le dernier soupir, se
souvenant de ce que j'avais éprouvé lors de
la mort de ma chère Séraphine...

Sœur Berrier suggérait de pieuses aspirations : « Jésus, Marie, Joseph, je vous donne
mon cœur, mon esprit et ma vie !... Jésus,
Marie, Joseph, assistez-moi dans ma dernière agonie !... Jésus, Marie, Joseph, faites
que j'expire en paix dans votre compagnie !... O Jésus, soyez-moi Jésus ! » Et elle
répétait avec ferveur.

Tout d'un coup, ma chère Stéphanie
s'aperçut que je n'étais pas là, elle se releva
avec un cri d'effroi : « Joséphine! tu me
laisses !... — Non, chère amie, dis-je, en

me jetant dans ses bras, c'est toi qui me quittes. — Et pourquoi ? — Pour aller au Ciel. — Oh ! quel bonheur !... » Je la remis dans son lit. Sœur Berrier me renvoya sur mon siège : il était temps, car mes jambes chancelaient. Ma bien-aimée sœur était pâle, le dernier souffle s'échappait. Nos Sœurs l'entouraient, ma Sœur Guillaume s'avança, et dit lentement près de la mourante : « *C'est maintenant, Seigneur, que vous laisserez aller en paix votre servante, selon votre parole.* » Sœur Stéphanie répéta ; puis elle fit un signe de tête à sa supérieure pour la remercier. Ma Sœur Guillaume ajouta : « *Mon Dieu, je remets mon âme entre vos mains.* »

Sœur Stéphanie redit tout haut cette prière, baisa son crucifix, et le tenant serré contre son cœur, elle répondit aux prières des agonisants, que ma Sœur Thérèse récita. A la fin des Litanies, j'entendis que sa respiration se ralentissait. Elle ne répondait plus... Au moment où l'on prononça ces mots : *Partez, âme chrétienne...* je n'entendis plus rien...

C'est qu'en effet, elle avait encore obéi

cette fois... et, son visage tourné vers la supérieure comme pour lui dire adieu, semblait assurer que ce n'était qu'après avoir obtenu sa permission, qu'elle s'en était allée au ciel...

Il était sept heures et demie. Ma Sœur Guillaume et ma Sœur Berrier fermèrent les yeux à ma sœur chérie, puis elles vinrent m'annoncer que le bon Dieu nous avait séparées.....

Toutes nos Sœurs étaient à genoux... Je n'entendais que des sanglots... Leur douleur était grande sans doute... moi, je n'avais plus de larmes...

On me conduisit embrasser ma Stéphanie. Hélas ! sa dépouille glacée me fit comprendre que désormais, il y avait entre elle et moi un abîme... J'avais beau la presser contre mon cœur, interroger sa main, son regard : c'était fini...

Dieu avait agréé le sacrifice de celle qui s'était offerte en victime ... Puisse-t-il aussi agréer celui qu'il m'imposa à cette heure si douloureuse !...

CHAPITRE XXIII

Funérailles.

—

Extrait d'une lettre à l'oncle Pierre,
le 18 Juillet.

..... Je suis comme vous, plus le temps
s'écoule, et plus je sens le sacrifice... Heureusement que la vie s'écoule aussi avec le
temps, et la réunion s'approche...

Puisque nous parlons de l'enterrement,
que je vous le raconte : Il faisait un temps
magnifique, c'était vers dix heures du matin ;
il y avait beaucoup de monde, beaucoup de
Sœurs surtout, et toutes avaient l'air d'être
sœurs deux fois ; chacune me disait du
regard et du geste : Comme nous vous com-
prenons ! Il y en avait un grand nombre que

je connaissais particulièrement, des compagnes du séminaire de Stéphanie, de Séraphine, et d'autres amies. Il y a eu bien des larmes répandues… Mais ce que je veux vous raconter, c'est ceci :

Le lendemain de la mort de Sœur Stéphanie, ses compagnes demandèrent à ma Sœur Guillaume d'acheter une branche de lis artificiel pour mettre sur son cercueil, ajoutant : « C'est si bien son emblème ! — Pourquoi cela, répond ma Sœur Guillaume, ce n'est pas l'usage : la couronne de roses blanches suffit ; ce que l'on fait une fois, il faut le faire ensuite, et je n'aime pas à introduire de nouvelles coutumes… donnez-moi la paix. » Les Sœurs se taisent et vont faire le tour du jardin. Les lis sont en boutons, mais encore verts. Il fallut se résigner… — « Pourvu qu'il ne pleuve pas demain, vient me dire ma Sœur Guillaume, avec tant d'enfants, se serait trop fatigant ! — Rassurez-vous, lui dis-je, Sœur Stéphanie arrangera cela là haut ; elle sait bien qu'il faut du beau temps. » En effet tout fut arrangé. Une demi-heure avant la cérémonie des obsèques, trois Sœurs arrivèrent près de notre amie avec une branche de lis en fleur éclatante de blancheur!... Il n'y avait dans le jardin que trois pieds de lis, et ils avaient chacun fourni une branche qui fut cueillie avec transport, en admirant la bonne Providence qui rendait elle-même un hommage à la modestie angélique de celle dont on voulait orner le cercueil.

Et les lis furent enlacés avec la couronne de roses blanches.

Les administrateurs et des messieurs décorés qui accompagnèrent respectueusement le convoi, disaient tout haut qu'ils n'avaient jamais rien vu de si délicieusement placé que cette branche de lis sur ce cercueil.....

———

Gratz, 2 Juillet 1860.

Je vois que le bon Dieu sait disposer ses amis aux sacrifices qu'il leur demande... Que sa sainte volonté soit faite! voilà tout ce que nous devons dire...

Il a brisé les liens qui retenaient notre chère Stéphanie à la terre. Quinze jours de maladie, endurée avec non seulement une patience, une résignation édifiante, mais avec une joie si douce, si calme, qu'il semblait qu'elle était assurée du bonheur dont Notre-Seigneur allait bientôt la faire jouir. Cette chère sœur me rappelait bien notre Séraphine, mais je dirais presque que ses sentiments d'amour de Dieu avaient quelque chose de plus véhément. Elle disait réellement avec sainte Thérèse: « Je me meurs de ne pouvoir mourir! » Je comparais souvent ces deux âmes si aimées de Jésus et de son immaculée Mère..... Elle parlait à Notre-Seigneur comme un enfant à son père, à la sainte Vierge comme à sa tendre mère, à son bon Ange comme une sœur à son frère. On eût dit qu'elle avait déjà habité le ciel, et qu'elle connaissait le langage à employer pour obtenir les grâces dont elle avait besoin. Aussi, son divin Jésus faisait-il ses volontés; Marie Immaculée prévenait ses désirs, et son bon Ange faisait ses commissions. C'est pourquoi elle a eu tous les secours spirituels avec une abondance qui faisait répéter à ses compagnes : « Puissions-nous mourir comme elle ! »

Metz, 2 septembre.

J'ai vu Séraphine détourner la conversation quand je lui parlais de ma bonne mère ou de mes oncles; la vue de l'oncle de Gratz lui perçait le cœur, son regard sur moi se détournait quelquefois avec une expression qui me torturait; notre Stéphanie semblait nous voir et nous parler comme étant déjà dans le cœur de Jésus. Elle me l'avouait: son sacrifice était consommé à l'avance.

CHAPITRE XXIV

Conversations pendant le Séminaire
de Sœur Stéphanie
avec elle ou à son sujet.

1853.

———

(La scène a lieu dans le petit cabinet de la pharmacie.)

L'oncle missionnaire. — Comment va Stéphanie?

Sœur Joséphine. — Très bien, mon oncle; oh! elle est toujours bien gentille. Vous riez, mon oncle, et vous dites : Prenez mes yeux et vous la verrez, parce que vous pensez que je ne puis la voir que dans son beau. Eh! bien je vous dirai que j'en ai plus d'une preuve : Elle est de vaisselle, ce mois-ci....'

L'oncle. — Un mois, c'est bien long !

Sœur Joséphine. — Ah! oui, la vaisselle c'est un ouvrage pénible, en tout sens. L'on n'a point de récréation, puisqu'elle dure depuis le repas jusque vers deux heures moins un quart, et qu'il faut y garder un profond silence.

Vous savez que ce sont des écuelles et des assiettes d'étain ? Or, c'est dur à essuyer, et il faut frotter fort. Il y a six à sept cents Sœurs à chaque repas, c'est donc autant d'écuelles et d'assiettes à laver, ou à essuyer.

Puis il y a des bassines à écurer, et témoin, ces jours-ci, traversant le lieu où se fait la vaisselle, je regardais ces pauvres petites Sœurs avec de gros sabots, un torchon de paille et du sable, s'en donnant de frotter à force de bras. Je regarde de plus près, je vois, parmi elles... ma Stéphanie ! Oui, c'était elle, qui s'en donnait à cœur joie. Je me retirai promptement pour qu'elle ne me vît pas, et aussi parce que cela me faisait mal de la voir se fatiguer ainsi... J'étais touchée de sa ferveur et je priai Notre-Seigneur de la bénir et de voir le désir qu'elle avait de se sacrifier pour Lui.

L'oncle. — Pauvre enfant, pourvu qu'elle y tienne! A-t-elle été fatiguée d'avoir veillé, car l'autre jour, tu m'as dit qu'elle avait été nommée pour passer la nuit auprès des malades?

Sœur Joséphine. — Un peu, mais cela n'a pas duré.

L'oncle. — C'est trop pour elle.

Sœur Joséphine. — Adieu, mon oncle, priez pour nous.

4 octobre.

Sœur Joséphine. — Ma Stéphanie, il n'est pas possible que ce ne soit pas aujourd'hui la fête de l'oncle Pierre; ce matin, j'étais trop excitée à prier pour lui : il s'appelle François, et peut-il faire autrement que de donner la préférence à celui-ci parmi les six saints François?

Sœur Stéphanie. — Non, oh! non, ce n'est pas aujourd'hui. Je te l'aurais dit. Mais moi aussi, j'ai beaucoup prié pour lui. Du reste, c'est tous les jours; cependant, c'était tant et tant, je m'en souviens, que je me suis demandé s'il y en avait bientôt assez. Car je m'adressais à Notre-Seigneur, puis à la sainte Vierge, et je recommençais, et c'était sans cesse. Il me semblait que j'étais plus fervente qu'à l'ordinaire.

Sœur Joséphine. — Comme tu m'étonnes ! Je croyais tellement que c'était sa fête, que j'ai fait à son intention la sainte communion, toutes mes prières, toutes mes actions de la journée; tout enfin a été offert au bon Dieu pour lui, et je suis habituée à ce que mes pressentiments ne soient pas faux... Enfin quand est-ce que tu lui souhaitais sa fête?

Sœur Stéphanie. — Je n'y faisais guère attention, c'était pour les Rois, anniversaire de sa naissance...

Sœur Joséphine. — C'est singulier, mais les petits-neveux, la nièce, la famille enfin, devait lui souhaiter sa fête !

Sœur Stéphanie. — Je ne sais plus... (elle cherche) ah!... si... c'était au mois d'octobre... voilà... c'est vrai, au mois d'octobre. Dans quel mois sommes-nous s'il vous plaît? pas encore. » Joséphine la regarde en souriant.) Quoi déjà? c'est vrai, oui, c'était le quatre aujourd'hui même! Ah! je sors d'un rêve, je ne m'étonne plus pourquoi il me fallait tant prier ce matin!...

Sœur Joséphine. — C'est son bon ange ou le tien qui te l'inspirait, ou plutôt, tous deux y pensaient pour toi. Tu vois, comme je ne me trompe pas. A-t-il une image de saint François d'Assise?

Sœur Stéphanie. — Oui, je la lui ai donnée, précisément pour sa fête.

Sœur Joséphine. — Comment cela va-t-il, ma petite? N'es-tu pas un peu fatiguée?

Sœur Stéphanie. — Non, le bon Dieu m'aide. Je vais toujours, sans réfléchir si cela me va ou non, laissant à Notre-Seigneur le soin de toutes choses. Je tâche de travailler pour Lui, afin qu'il travaille pour moi.

Sœur Joséphine. — Tu me rappelles ces paroles de Notre-Seigneur à sainte Catherine de Sienne : « Ma fille, pense à moi, et je penserai à toi. »

Sœur Stéphanie. — Je ne connaissais pas cela. Oh! quelle potion tonique tu me donnes là!...

5 octobre.

Sœur E. Berrier. — Oh! qu'il fait froid aujourd'hui! On est glacé à la chapelle!

Sœur Joséphine. — C'est vrai; heureusement que ma petite Stéphanie est bien couverte! j'aurais peur pour tout l'hiver...

Sœur Élise. — Comment savez-vous cela?

Sœur Joséphine. — Dimanche dernier je me suis fait rendre ses comptes : Comment es-tu vêtue? As-tu froid aux pieds? Il ne faut pas attendre trop tard pour demander la permission de te couvrir. Si tu attrapais un rhume, je serais désolée, etc., etc. Telles ont été mes recommandations. Voilà que j'ai rencontré ma Sœur P..., qui, m'abordant d'un air fort aimable, m'a dit : « Votre sœur vient de venir me trouver; elle est charmante. »

Sœur Élise. — Oh! que cela vous a fait du bien au cœur, hein!

Sœur Joséphine. — Laissez-moi dire. D'un air calme, j'ai répondu : Qu'a-t-elle donc fait? — « Le voici : Avec un air bien simple elle m'a dit : « Ma Sœur, nos Mères

« nous ont recommandé de ne pas trop en-
« durer le froid, et que nous devions, comme
« de petits enfants, demander bonnement
« ce dont nous avions besoin. En écoutant
« cela, je pensais qu'il ne faisait pas encore
« bien froid, que je pouvais attendre ; mais
« depuis deux jours j'ai froid, le matin,
« assez pour devoir vous en avertir. Mais,
« ma Sœur, je ferai ce que vous me direz… »
Voyez comme c'est bien parler ! elle ne veut
rien qu'obéir. Vous sentez que je n'ai pu
que la féliciter de sa manière d'agir et que,
après les questions utiles, je lui ai dit que
ce soir elle trouverait sur son lit camisole,
jupon et bas de laine qu'elle ne devait pas
manquer de mettre le lendemain. » J'ai regardé cette rencontre comme une de ces
délicates attentions de la divine Providence
pour me rassurer sur le compte de ma chère
petite sœur. Oh ! que le bon Dieu est donc
bon !…

Un autre jour.

Sœur Stéphanie. — Je suis allée me confesser ce matin.

Sœur Joséphine. — Eh bien ! ce jour-là on est content.

Sœur Stéphanie. — Moi, je sens que je n'ai pas de simplicité. J'avais mille choses à dire, et avant que j'aie trouvé la manière de m'énoncer, j'ai tout oublié.

Sœur Joséphine. — Tu apprendras à tes dépens. Lorsque quelque chose m'embarrasse ou m'inquiète, je ne m'arrête pas aux termes. Je ne cherche pas les mots, je vais droit au but. Tu verras que dans peu tu feras comme moi.

Sœur Stéphanie. — Oh ! que de choses il faut apprendre à ses dépens ! Quelle différence entre l'esprit et les maximes du monde et la morale qui nous est développée au Séminaire, et surtout par notre Mère Buchepot ! Je t'assure que le temps de son instruction est pour moi un moment délicieux. On ne peut mieux comprendre les besoins du cœur, ses désirs, ses penchants. Oh ! quelle expérience elle a, cette bonne Mère !

Sœur Joséphine. — Il me semble que tu devais aller la trouver.

Sœur Stéphanie. — Oh ! que je te dise !

j'y suis allée aujourd'hui. C'est admirable comme sa bonté la met à la portée de chacune, avec une grâce charmante encore. J'y suis restée tant que j'ai voulu, et nous avons bien employé le temps. Je lui ai dit toutes mes peines, tous mes soucis ; tu ne saurais croire comme j'ai le cœur à l'aise avec elle.

Sœur Joséphine. — Et que t'a-t-elle dit ?

Sœur Stéphanie. — Ah ! ah ! vous pensiez que le bon Dieu vous donnerait toujours des consolations, comme au commencement. Et vous êtes triste qu'il ne vous serve que du pain sec, à présent ? Courage, mon enfant, Notre-Seigneur vous traite en grande fille, il faut lui montrer que vous l'aimez pour lui et non pour ses dons, et être aussi contente, aussi fervente que s'il vous donnait toujours ce bonheur, cette paix de l'âme qui aident si bien à accomplir ses devoirs.

Sœur Joséphine. — En somme, je vois que tu es très contente de notre Mère Buchepot.

Sœur Stéphanie. — Enchantée, je ne me

serais pas figuré qu'on pût être aussi libre avec elle, ni qu'elle pût être si bonne, si gracieuse, si aimable. Non, quand on ne la connaît pas on ne peut s'imaginer que l'on est vertueux à ce point !

SŒUR JOSÉPHINE (la quittant). — J'ai vu Léopoldine, qui t'embrasse, et m'a chargée de te dire ses regrets de n'avoir pu le faire. Adieu.

SŒUR STÉPHANIE (revenant). — Demande au bon Dieu qu'il ait pitié de mes misères, car j'en ai beaucoup qui me rendent désagréable à ses yeux, et me font perdre un temps bien précieux ! Que je suis peu généreuse, si tu savais !...

SŒUR JOSÉPHINE. — Oublies-tu que nous ne pouvons rien de nous-mêmes ? C'est avec Dieu seul que nous pouvons quelque chose. Prions et prions avec confiance, le reste viendra. Car la bonne volonté est une grâce de commencement et de persévérance. Bonsoir, amie...

12 septembre.

SŒUR JOSÉPHINE. — Bonjour, chère Stéphanie ; il y a bien longtemps que nous ne nous sommes vues..... Que ce temps m'a paru long !

Sœur Stéphanie. — Impossible de l'avoir trouvé plus long que moi (elle soupire).

Sœur Joséphine. — Tu m'étonnes : en retraite, on est si bien avec le bon Dieu, tout parle de lui, tout porte à lui..... Et tu étais si bien partagée avec le prédicateur ; M. Marion dit de si bonnes choses !

Sœur Stéphanie. — Oui, j'ai goûté le prédicateur, il parle bien, il est spirituel, il a des saillies fines, cela plaît, entraîne, fixe l'esprit ; mais cela ne rend pas heureux. Il faut avoir la paix en soi, pour goûter du repos, pour être heureux.

Sœur Joséphine. — Pauvre petite ! J'ai bien senti que tu étais au jardin des Oliviers. Tu n'y étais pas seule, je te comprenais assez pour y être avec toi.

Sœur Stéphanie. — Je m'en doutais, je le sentais ; mais je te l'avoue, j'ai eu des jours terribles... Un damné ne peut souffrir davantage : c'était plus que du découragement, c'était une tristesse mortelle, c'était fini... Je désespérais de ma persévérance, de mon salut. Oh! Joséphine, que je souffrais !

Sœur Joséphine. — Et la prière donc ? ne te soulageait-elle pas ?

Sœur Stéphanie. — Comment prier? Il me semble que Notre-Seigneur ne voulait plus de moi ; je ne voyais que ma vie passée, quelle vie !... Le présent me paraissait un songe, ou plutôt un acte d'hypocrisie... L'avenir ! oh !... je fermais les yeux et demandais la mort...

Sœur Joséphine. — Pourquoi la mort?

Sœur Stéphanie. — Comment vivre sans aimer Dieu, sans faire sa volonté ? Je sais bien qu'il me veut ici, mais je ne sais pas si j'aurai le courage de mener cette vie de sacrifice...

Sœur Joséphine. — Et la sainte Vierge?

Sœur Stéphanie. — Elle me semblait sans pitié pour moi.

Sœur Joséphine. — Et le Père spirituel?

Sœur Stéphanie. — Il m'écrasait...

Sœur Joséphine. — Quel temps précieux ! Voilà une bonne retraite. J'espère qu'elle te sera utile. Parce que tu n'aimes que les consolations comme les enfants, et le bon Dieu t'a traitée en grande fille... Il y a bien plus de mérite alors à dire : Vive Dieu quand même !

Sœur Stéphanie. — Dans le fait, si la nature se révolte, la grâce le fait dire sincèrement, du fond de l'être...

17 septembre 1853.

Sœur Joséphine. — Eh bien ! le cœur est-il content ? Voilà de belles lettres. Peut-on trouver plus de bonté que dans ce cher oncle Pierre ?

Sœur Stéphanie. — C'est vrai qu'il est admirable, en son genre. Et cela a toujours été ainsi. Aussi, ai-je dit : C'est bien toujours lui.

Sœur Joséphine. — Il n'y a pas de comparaison entre ma mère et la sainte Vierge, mais il peut y en avoir entre saint Jean et l'oncle Pierre. Ne trouves-tu pas qu'il fait comme le disciple bien-aimé qui prit tant de soin de notre divine Mère ?

Sœur Stéphanie. — Qu'il est bon ! Je vois

d'ici maman aller dans le jardin que l'oncle a loué et dont il lui a donné une clef; je la vois, allant en Queuleue, toute seule, il est vrai, mais libre, pouvant y travailler, s'y promener, y faire de temps en temps une prière. Oh ! cela me fait du bien...

Sœur Joséphine. — Ne vois-tu pas comme Notre-Seigneur prend, sous la figure de ce cher oncle, toutes les délicatesses d'un bon fils ? Ah ! prends-y garde. Ne soyons pas ingrates, il s'occupe de notre chère maman, et c'est tout ce que nous pouvons désirer. Il nous dit ce bon Sauveur, il nous dit en action, ce qu'il faisait entendre à une sainte : « Ma fille, pense à moi, et je penserai à toi... » Bonsoir !...

25 septembre.

Sœur Joséphine. — Eh bien ! comment va le courage ?

Sœur Stéphanie. — Toujours à peu près, des hauts, des bas, cela n'en finit. Je suis à charge à moi-même.

Sœur Joséphine. — C'est aujourd'hui le cas de te présenter à Notre-Seigneur avec les paroles de David : *Abyssus abyssum invocat.* Que l'abîme de mes misères, ô mon Dieu, attire l'abîme de vos miséricordes !...

Sœur Stéphanie. — Oh ! que tu as bien raison !... mais que je m'ennuie !... mon Dieu, que c'est affreux ! quel vide ! quelle tristesse ! quelle amertume !... Dis-moi donc quelque chose !

Sœur Joséphine. — Dis-moi plutôt ce que tu as dit à Notre-Seigneur à l'oraison, ce soir ?

Sœur Stéphanie. — Je lui ai dit que j'étais comme le paralytique de l'Évangile, qu'il pouvait bien me guérir, que je le priais d'avoir pitié de moi, mais que je ne voulais pas emporter mon lit et m'en aller chez nous, parce que je ne le quitterais jamais, à la vie, à la mort.

Sœur Joséphine. — (A part :) Ce n'est pas si mal. (Haut :) Tu es exaucée, chère amie, souviens-toi de ce que nous écrivait dernièrement le cher oncle Pierre : « Il faut « s'abandonner entre les mains du Dieu « des miséricordes, c'est lui qui nous a ar-

« rachées du monde, c'est pour que nous
« soyons tout à lui. Demandons à notre
« divin Maître de nous rendre telles qu'il
« nous désire. Quel pauvre cœur est le
« nôtre ! Est-il ingénieux à se torturer !
« Nous péchons par le manque de confiance
« en Dieu. » Et Notre-Seigneur dit : « Allez, et qu'il soit fait selon que vous avez
cru. » Adieu, bâtis là-dessus : toutes tes
peines et tes craintes au sujet de ma mère,
s'évanouiront...

Vendredi 22 octobre.

Sœur Joséphine (pressée, une lettre à la
main). — Ma Stéphanie, tiens, tu liras cela.

Sœur Stéphanie. — Quoi donc ? une
lettre de l'oncle Pierre ? ce sera pour demain, on n'y voit plus. Que te dit-il ?

Sœur Joséphine. — Tu le verras, j'ai
trouvé la journée bien longue, je l'ai depuis
ce matin, et je ne voulais pas te l'envoyer...

Sœur Stéphanie. — Tu ne l'as pas lue,
je parie...

Sœur Joséphine. — Qu'est-ce que cela te
fait ? Tu la liras, toi.

Sœur Stéphanie. — Pas avant toi.

Sœur Joséphine. — Enfant !. sans toi, je ne l'aurais pas, profites-en la première. C'est juste. (A part :) Elle est plus fine que moi, elle m'arrache mon secret.

Sœur Stéphanie. — Eh bien ! voilà tout, nous la lirons ensemble.

Sœur Joséphine. — Je le veux bien, mais d'ici à dimanche ?

Sœur Stéphanie. — C'est demain samedi, n'est-ce pas un beau jour pour offrir une mortification à la bonne Mère ?

Sœur Joséphine. — Alors, garde-la. (A part :) Nous verrons si elle en aura le courage.

Dimanche 23 octobre.

Sœur Joséphine. — C'est aujourd'hui, ma chère amie, l'anniversaire de notre bien-aimée Sœur Séraphine ; elle aurait trente et un an, si elle était encore de ce monde.

Sœur Stéphanie. — Pauvre Séraphine ! Son souvenir nous laisse quelque chose de triste, il est vrai, mais qu'il fait au cœur une impression douce et suave ! Je n'y pense jamais sans ressentir un vif désir de devenir, comme elle, fervente et courageuse. Encore hier soir, en me couchant, je demandais à Notre-Seigneur de la remplacer dignement dans la Communauté. J'y pense souvent, à cette heure-là surtout, depuis qu'elle est venue me dire que je mourrais jeune.

Sœur Joséphine. — Tu es donc bien sûre que c'est elle-même qui est venue te faire cette prédiction?

Sœur Stéphanie. — Je me rappelle si bien sa voix, que je l'ai reconnue tout de suite; mais elle ne m'apprenait rien de neuf, car, à l'oraison, Notre-Seigneur me l'a dit bien des fois; et une fois si haut, que je me suis retournée, pour voir si nos Sœurs l'avaient entendu.

Sœur Joséphine. — Dans tous les cas, il est bon d'agir comme si cet avertissement n'était pas imaginaire, puisque Notre-Seigneur dit dans le saint Évangile : « Soyez prêts, car vous ne savez ni le jour ni l'heure de l'avènement du Fils de l'homme. » Or, il ne dit pas : « Préparez-vous, » mais :

« Soyez prêts, » et « Heureux le serviteur fidèle qui sera trouvé prêt à l'arrivée du Maître. »

Sœur Stéphanie. — Il me semble que tu m'as dit que Séraphine pensait souvent à la mort ?

Sœur Joséphine. — Ce n'est pas qu'elle la désirât; elle la craignait, au contraire, mais elle se la préparait douce, par son union avec Notre-Seigneur.

Sœur Stéphanie. — Dis-moi quels moyens elle employait pour se tenir unie à Dieu; elle doit bien t'avoir fait quelques confidences.

Sœur Joséphine. — Oh! elle était si simple, et son âme si limpide, qu'elle a mérité que notre Mère Buchepot dise qu'elle était une des âmes les plus droites, les plus simples qu'elle eût connues!

Sœur Stéphanie. — C'est bien l'idée que je m'en fais, aussi ne serais-je pas surprise que ses moyens fussent des plus simples.

Sœur Joséphine. — Voici ceux qui me reviennent à la mémoire : Elle me racontait que deux attraits partageaient son cœur : la prière et la mortification...

Sœur Stéphanie. — Oh! quand pourrai-je dire la même chose? Que c'est beau! explique-moi cela en détail !

Sœur Joséphine. — Elle était en office à l'éclairage des lanternes; cet emploi l'obligeait d'aller et venir dans la maison. Elle avait une prière spéciale à chaque lanterne. Ainsi : *Auprès des parloirs* : Mon Dieu, ôtez de mon cœur l'esprit du monde et donnez-moi d'être toute à vous. — *Sur les escaliers* : Mon Dieu! faites que je monte de vertus en vertus; ou: Mon Dieu! faites que je descende au fond de l'abîme de mes misères pour m'en humilier devant vous et devant toutes les créatures... ou bien encore : Mon Dieu, je désire non seulement de pratiquer toutes les vertus de notre saint état, mais de m'élever sans cesse vers la perfection que vous attendez de moi:

Devant la chambre de notre très honorée Mère, elle priait pour les supérieurs. Dans les dortoirs, elle demandait la paix intérieure, l'amour du silence et de la vie cachée.

Dans les corridors, la modestie dans les regards et la démarche, ou le zèle du salut des âmes, et la conversion des pécheurs.

En traversant les cours, elle regardait le ciel et s'adressant aux séraphins : Bienheureux séraphins, mes patrons, ce n'est pas votre bonheur que j'envie, c'est votre amour pour Dieu !...

Je n'en finirais pas, si je te disais toutes les saintes industries qu'elle trouvait pour s'élever vers notre adorable Maître. Elle était si riche en oraisons jaculatoires, si touchantes et si pieuses, qu'elle pouvait vraiment dire avec le grand Apôtre : « Ma conversation est dans le ciel. »

Elle était mue non seulement par son amour pour Notre-Seigneur, par sa tendresse pour notre divine Mère, par sa confiance envers le bon Ange, son respect pour notre saint fondateur, mais encore elle priait pour nos Sœurs, pour les personnes qu'elle rencontrait, offrant à Dieu leurs peines, leur travail, demandant pour elles la charité, le support, la ferveur, etc.

Elle faisait des conventions avec la sainte

Vierge et avec Notre-Seigneur qui me jetaient dans l'admiration, comme celle-ci qui m'a quelquefois servi de sujet d'oraison : « Que chacun de mes regards, ô « ma bonne Mère ! vous dise mon amour, « et implore sur moi votre miséricorde ! » Et celle-ci qui a été si bien exaucée : « O « Marie ! que mon dernier soupir soit un « acte d'amour parfait et que je meure en « vous invoquant !... »

SŒUR STÉPHANIE. — Adieu, amie, la cloche va sonner.

SŒUR JOSÉPHINE. — Et la lettre de l'oncle Pierre ? Je parie que tu ne l'as pas lue ?

SŒUR STÉPHANIE. — Tu peux bien te tromper, mais lisons-la ensemble chemin faisant...

1er novembre.

SŒUR STÉPHANIE. — Oh ! qu'il me tardait de te revoir, afin que tu me continues le récit des saintes industries de celle dont nous célébrons sans doute la fête aujourd'hui ; car notre sœur doit faire partie de l'Église triomphante : qu'en dis-tu ?

Sœur Joséphine. — Ah ! il n'est pas possible qu'ayant été si unie à Dieu sur la terre, elle ne jouisse maintenant, au ciel, du bonheur d'être en sa présence !...

Sœur Stéphanie. — Tu m'as parlé, ma sœur, de deux moyens que notre chère Séraphine employait pour s'élever à notre divin Maître. Tu ne m'as donné des détails que sur le premier, l'esprit de prière ; j'en attends à cette heure sur sa mortification.

Sœur Joséphine. — Ses moyens de se mortifier étaient encore bien simples, tu vas en juger. Comme elle veillait sans cesse sur son cœur pour le tenir élevé à Dieu, elle en connaissait les inclinations, et c'est surtout sur ce point qu'elle savait se faire mourir... Ainsi, elle aimait beaucoup notre Mère Buchepot, eh bien ! elle s'imposait le sacrifice de passer des huit et quinze jours sans la regarder. Tu sais combien elle avait des tendresses pour notre chère mère ? elle ne m'en parlait jamais la première. Je savais pourtant quelles précautions il me fallait prendre pour lui annoncer la perte de quelques personnes que cette aimée mère ché-rissait ! Séraphine sentait si vivement la peine que maman en devait éprouver, qu'elle en était malade plusieurs jours. Que de fois je lui avais entendu dire dans sa jeunesse que la séparation de sa mère serait pour elle un si rude sacrifice, que si le bon Dieu lui eût donné le choix, elle eût préféré de mourir. Ce qui me faisait bien reconnaître dans ce silence, son courage·et son esprit de pénitence.

Sœur Stéphanie. — Assurément c'était bien parfait, surtout quand on a une maman comme la nôtre... (Et les larmes lui vinrent aux yeux.)

Sœur Joséphine. — Mais Celui pour qui nous l'avons quittée, mérite encore plus de tendresse et d'amour, et il doit nous tenir lieu de tout. Tiens, il faut que je te raconte ce qui est arrivé, il y a environ dix ans, à une de nos Sœurs, du nombre de ces quatre courageuses filles de la Charité polonaises dont on nous parlait ces jours-ci, qui affrontèrent mille dangers pour s'évader de leur infortunée patrie, afin de venir à la

Maison-Mère respirer l'air pur de l'esprit de notre saint état.

Elles y furent placées dans divers offices et gagnèrent bientôt tous les cœurs par leurs vertus si aimables et si généreuses.

Sœur Thècle, la plus jeune, était à l'Économat. Notre Mère Générale l'appela un jour, et lui dit : « Ma fille, on me demande, de Constantinople, si je ne pourrais pas envoyer quelqu'un pour secourir les pauvres Polonais réfugiés dans cette grande ville. Ne seriez-vous pas contente d'aller leur servir de Mère et d'Ange Gardien pour les soigner et leur montrer le Ciel ?... — Ma Mère, répond Sœur Thècle, j'ai fait vœu d'obéissance et mon bonheur est de l'accomplir. — Non, ma fille, reprit notre Mère Mazin, je ne vous ordonne rien ; je vous propose une bonne œuvre et, je le sais, un sacrifice, car vous êtes heureuse ici, et l'éloignement vous coûtera ; mais pensez-y, et demain, à la sainte Communion, consultez Notre-Seigneur, puis vous me ferez connaître vos dispositions... »

Le lendemain, en effet, notre Sœur ne

manqua pas de se présenter à notre très honorée Mère et dit : « Ma Mère, me voici, je suis prête à aller au bout du monde : Notre-Seigneur m'a dit : Je te tiendrai lieu de tout..... »

Sœur Stéphanie. — Voilà une fille de la Charité digne de son nom! Oh! que cela est beau! Et s'est-elle soutenue dans ces sentiments ?

Sœur Joséphine. — Oui, je l'ai vue partir toute joyeuse, et comme beaucoup d'entre nous pleuraient, elle nous remontait le cœur par sa gaieté et sa ferveur... Adieu! que Notre-Seigneur nous anime des mêmes sentiments...

Janvier 1854.

Sœur Joséphine. — Ma chère amie, je viens te faire mes adieux, car j'entre en retraite ce soir.

Sœur Stéphanie. — Toi! en retraite? je ne m'y attendais pas. Oh! je vais beaucoup prier pour toi.

Sœur Joséphine. — C'est ce que j'attends de ton affection, car tu dois être jalouse que je me convertisse, et tu m'aideras à l'obtenir.

Sœur Stéphanie (d'un air triste). — Te convertir ! tu n'en serais que là, à douze ans de vocation ? Oh ! ce n'est pas possible !

Sœur Joséphine. — Eh ! bien, que faut-il que je fasse en retraite, dis-le-moi.

Sœur Stéphanie (en riant). — Tu te moques de moi ?

Sœur Joséphine. — Pas du tout, qui sait ce que le bon Dieu me dira par ta bouche ? Ne fit-il pas parler l'ânesse de Balaam ?

Sœur Stéphanie. — Ah ! ah ! c'est différend, si tu me prends pour sa sœur, je veux bien parler aussi. (Elles rient toutes les deux de bon cœur.)

Sœur Joséphine. — Dis toujours, voyons : que faut-il faire en retraite ?

Sœur Stéphanie. — Il faut se bien tenir dans le Cœur de Jésus.

Sœur Joséphine. — Tu commences par où les autres voudraient bien finir.

Sœur Stéphanie. — Pourquoi ne pas aller tout droit au but, comme un enfant qui se tient penché sur le sein de sa mère ? Il y reste installé, quand même ses frères ou ses sœurs ou même les domestiques veulent l'en retirer. Il les renvoie, au besoin avec ses pieds, si ses signes ou ses petites mains ne parviennent pas à les repousser. Il embrasse sa bonne mère et semble vouloir se cacher dans son sein, en dépit des importuns qui voudraient le faire descendre. S'il réfléchissait qu'il peut fatiguer sa mère, il pourrait en être troublé. Mais nous, la crainte de fatiguer le bon Dieu ne peut nous arriver. Les obstacles à notre persistance à rester dans les bras de la Bonté divine, ne peuvent venir que de nous-mêmes ; comme l'enfant qui quitte sa mère pour aller jouer avec d'autres enfants, ou pour aller goûter quelques friandises offertes par une main étrangère, etc., etc.

Sœur Joséphine. — Vraiment, ma chérie, ton imagination fait une application très naturelle et très sensible à notre sujet. Je la saisis en m'amusant à suivre une série de scènes charmantes que tu me laisses à deviner. Je n'aurai donc qu'à éviter les obstacles de cette union avec Dieu :

1º Les distractions qui me viendraient des

créatures, qui sont comme les domestiques qui veulent attirer l'enfant loin de sa bonne mère ;

2° Résister à l'immortification des sens, ou des affections naturelles, qui seraient les frères ou les sœurs qui m'inviteraient à me retirer du Cœur de Jésus pour faire sauter mon cœur de côté et d'autre et perdre le temps et les grâces de la retraite. Cela est si pratique, qu'il me semble mieux comprendre combien il est facile de bien faire ce précieux exercice...

Janvier.

Sœur Joséphine. — J'ai bien des actions de grâces à te rendre, ma chère Stéphanie ; tu m'as prêché la retraite autant que le prédicateur, et je t'avoue que si j'avais fait des comparaisons entre le grand missionnaire qui nous prêchait et mon petit missionnaire à moi, ce dernier l'eût peut-être emporté sur le premier.

Sœur Stéphanie (air sérieux). — Je vous prie, ma sœur, de ne pas ainsi abuser de mon obéissance aveugle. (Riant :) C'est toi maintenant qui m'obéiras.

SŒUR JOSÉPHINE. — Ne suis-je pas toujours prête ? Dans le temps jadis, c'était si connu que j'avais un surnom : celui de Boniface. Ce n'est pas avec toi que je veux le perdre.

SŒUR STÉPHANIE. — Fais-moi le récit des souvenirs que t'apportent les prières ou les exercices de piété que tu m'as dit conserver si fidèlement.

SŒUR JOSÉPHINE. — Je te connais trop pour craindre de te malédifier, car si quelques personnes plus spirituelles que nous écoutaient, elles se scandaliseraient. Mais j'ai pour moi la parole du Père Poussou, qui assure que les moyens qui nous élèvent au bon Dieu sont bons, quelque naturels qu'ils soient.

SŒUR STÉPHANIE. — Je te comprends si bien, que je ne puis que m'édifier de tout ce que tu me dis.

SŒUR JOSÉPHINE. — Si ma Sœur Gautarel était là ! Ce que c'est que l'amitié ! dirait-elle, prenez mes yeux pour y voir !... Mais commençons... La sainte Messe renferme de si belles prières que saint François de Sales la nomme à bien juste titre : le soleil des exercices spirituels.

Sœur Stéphanie. — Oh ! tu as bien raison ! Quel bel acte de contrition que ce *Confiteor* du prêtre et du peuple qui s'humilient devant Dieu, ayant la très sainte Vierge et tous les saints pour témoins de l'accusation de leurs fautes, et les conjurant de nous aider par leurs prières à obtenir pardon et rémission !

Sœur Joséphne. — Eh bien, c'est l'oncle Pierre qui me l'a appris, et il me l'a si bien expliqué, qu'après plus de vingt ans j'ai pu lui avouer que je n'avais presque jamais frappé ma poitrine au *mea culpa*, sans penser à lui, tâchant de faire entrer mon cœur dans les sentiments qu'il m'avait suggérés dès l'âge le plus tendre. Le *Kyrie eleison*, c'est bien ma Sœur Mascureau qui me l'a le mieux commenté ; dans une de nos récréations, en causant, comme à présent.

Sœur Stéphanie. — Cela ne m'étonne pas, j'aime à voir la tenue de cette bonne Sœur à l'église ; je l'ai remarquée, d'abord, tu le sais, parce que nous l'aimons beaucoup, c'était donc l'œil du cœur qui la regardait. Mais bientôt, en l'examinant, mon âme s'est élevée, et l'édification qu'elle m'a donnée m'a portée à imiter son recueillement et sa piété si bien exprimés dans sa tenue, qui semblait me dire : Le Créateur fait oublier toutes les créatures…

Sœur Joséphine. — Tu as bien compris, car en voici la preuve dans ses sentiments : « Oh ! comme j'aime ce chant de l'Église ! « me disait notre bien chère Sœur. Il est « toujours si expressif ; on le répète bien « des fois, comme pour dire à Dieu : Ah ! « que nous avons besoin, Seigneur, que « vous ayez pitié de nous ! Et comme, plus « on le répète, on le sent davantage, il « semble qu'à mesure, on crie aussi plus « haut. Avez-vous remarqué cela ? il semble « que nous voulons faire une sainte vio- « lence au ciel. »

Sœur Stéphanie. — Vois comme une bonne parole dite naïvement peut faire du bien : je suis tout heureuse de ce que tu te

souviennes de cela, et je répèterai maintenant le *Kyrie* avec plus de ferveur.

Sœur Joséphine. — Le *Gloria in excelsis*
et le *Credo* me rappellent les pieuses pensées de ma bonne mère. Elle ne m'a jamais
touchée jusqu'au fond de l'âme comme
lorsqu'elle me racontait si ingénûment le
bonheur qu'elle goûtait à chanter ce can-
tique dont les anges ont composé les premiers versets, et qui nous inspirent de si
grands, de si nobles mouvements de l'âme,
qu'on se croit enlevé au-dessus de sa nature
mortelle pour chanter : Gloire à Dieu au
plus haut des cieux! Et le désir d'être au
nombre des hommes de bonne volonté qui
méritent cette paix, le plus grand bien de
la terre, fait qu'on se sent appartenir toute
au bon Dieu... Et chacune des autres expressions qui suivent, vient surajouter à
la joie et à la ferveur pour louer, bénir,
adorer les trois divines Personnes qui méritent l'hommage de tout ce que nous
sommes...

Et le *Credo*, que cette bonne mère nomme
l'acte de foi par excellence, dont chaque

mot fait jaillir de tout l'être mille actes d'amour de Dieu, jusqu'à cette posture du corps : on se lève, et l'on se tient debout en commençant pour marquer plus de solennité et de résolution en chantant ce beau et sublime *Credo*, Je crois en Dieu le Père; puis viennent les louanges comme des coups d'encensoirs, qui font voir d'une manière toute détaillée les devoirs que nous rendons à Dieu qui est tout-puissant, qui a fait le ciel et la terre et toutes les créatures, qui nous a donné dans son Fils unique; tout ce qu'il avait de plus cher, ce Fils en qui nous croyons aussi, et que nous adorons comme Dieu le Père, parce qu'il est comme lui Dieu de Dieu, lumière de lumière, vrai Dieu de vrai Dieu. Quelles expressions! elles font du bien à dire, quand même on ne les comprend pas. Voilà ce que me disait notre mère... Et une de mes maîtresses nous disait qu'en ajoutant au nom de Jésus-Christ, *Notre-Seigneur*, notre cœur devait se liquéfier de reconnaissance à cette dénomination. Jésus-Christ qui s'est fait homme pour nous, qui a souffert de si cruels tourments et même la mort, qui a été enseveli, qui est ressuscité comme il l'avait prédit, puis il est monté au ciel où il est assis à la droite de son Père et son règne n'aura point de fin. Une autre chère maîtresse nous racontait que sainte Thérèse tombait en extase à ces mots : *cujus regni non erit finis.*

Sœur Stéphanie. — Je sais laquelle, c'est Mme Marceline; et celle qui aimait tant ce doux qualificatif : *et en Jésus-Christ Notre-Seigneur,* c'est Mme Marie-Thérèse Bonnafont...

Sœur Joséphine. — Tu as deviné, comme ces souvenirs font du bien! Mais finissons, car il faut se séparer, et je ne voudrais pas manquer de te répéter les hommages que notre bonne Mère rend au Saint-Esprit qui est saint et Dieu comme le Père et le Fils, procédant de ces deux adorables Personnes et nous rendant la vie comme souverain vivificateur, la source des bonnes inspirations, aussi a-t-il parlé par les prophètes, conduit-il la sainte Église notre mère, qui est une, sainte, etc., est-il le lien de la communion des saints, opère-t-il la rémission des péchés et accorde-t-il toujours avec le Père et le Fils, la grâce de mériter la vie éternelle...

Sœur Stéphanie. — Que de belles pensées tu me déploies vite et vite ! Je voudrais pouvoir me rappeler tout cela comme toi, mais tu les as cultivées dans la méditation. Je tâcherai d'en faire autant... D'après tes souvenirs, qui t'a appris le *Pater* ?

Sœur Joséphine. — C'est notre Mère Buchepot ; l'*Ave Maria*, c'est l'oncle Pierre ; le signe de la croix, c'est encore ma mère, comme de donner mon cœur à Dieu en m'éveillant, et de dire avant de m'endormir cette petite oraison :

« O mon doux Jésus, soyez mon Sauveur ! Je remets mon âme entre vos mains, faites que je meure dans votre sainte grâce ! »

Mais adieu. Que de choses à dire encore ! il faut pourtant te quitter. Vois comme nous serions coupables si nous disions une parole inutile, quand nous en avons tant de bonnes à nous communiquer !...

Sœur Stéphanie. — Je ne sais comment te remercier, tu es bien ma bonne petite maman, adieu...

CHAPITRE XXV

Pensées et résolutions de Sœur Stéphanie.

Dieu est si délicat qu'il nous donne des occasions de gagner le ciel; il pense que nous aurions honte de l'avoir pour rien, et que notre gloire sera plus grande d'avoir fait des sacrifices pour le mériter. C'est vrai qu'il y en a de bien amers, mais quelle jouissance de voir que par eux nous plaisons à Notre-Seigneur et que plus nous sommes généreuses à nous conformer à son bon plaisir, plus il nous regarde avec satisfaction...

A Dieu seul, toutes mes pensées, tous mes soupirs et toutes mes affections!... Mon cœur est à Jésus pour toujours. L'aimer c'est ma vie!...

Veiller sur tout son extérieur. Être attentive à se tenir modestement en tous lieux, en toutes les occasions : debout, se tenir sur deux jambes sans chercher un appui quelque part. Assise, ne pas croiser les pieds, les jambes, ne pas s'appuyer au dossier de sa chaise, ni prendre une position plus commode. En marchant, ne pas aller trop vite, ni trop lentement; se tenir en la présence de Dieu, aller simplement où l'on doit aller, et ne pas s'occuper de ce qu'on peut penser de nous ni quelle tournure l'on a. En montant les escaliers, ne pas marcher lâchement, sans courage ni activité, mais on doit penser que Jésus nous suit du regard, et cette pensée seule nous fera agir saintement.

Il faut souvent demander à Notre-Seigneur de nous éclairer sur nous-même, pour bien savoir lui plaire en nous mortifiant selon sa volonté. Quand nous sommes à la prière ou à l'oraison, se tenir avec grand respect devant *Jésus présent* à notre cœur, se recueillir profondément, et témoigner par son extérieur, l'amour et l'honneur que nous voudrions lui rendre si nos yeux pouvaient le découvrir.

Ne pas négliger les petites choses. Rien n'est petit quand tout est fait pour Jésus ; répondre à toutes les prières vocales, tâcher de ne pas se laisser aller au sommeil à la chapelle. Avoir si peu d'instants à passer au pied des saints autels, et les employer à dormir !...

Veiller sur nos yeux, modérer cette envie de tout savoir. Quand nous entendons du bruit, à moins d'utilité ne pas tourner la tête ; retenir une parole inutile, indifférente, ou une saillie qui ferait croire que nous avons de l'esprit, etc. Témoigner par notre air cordial le plaisir que nous avons d'être avec nos compagnes ; se faire une loi de ne jamais répondre à une parole fâcheuse. Immoler sur l'autel de notre cœur le ressentiment que nous pourrions en avoir : que tout se passe entre Dieu et nous !...

Tâcher d'être toujours bien convenable et respectueuse envers tout le monde ; que jamais une parole déplacée, un geste trop libre, un mouvement du monde, ne soit aperçu dans notre personne, par exemple jouer avec son chapelet, ses médailles, se nettoyer les ongles, etc. Toutes ces petites choses ne sont pas dignes d'une personne consacrée à Dieu !...

Ne pas manquer à la charité dans les plus petites occasions ; ne pas sourire pour approuver une chose que notre conscience condamnerait ; chercher les petites prévenances qui font plaisir à celles qui en sont l'objet, mais ne pas se rechercher soi-même en rendant à nos Sœurs ces petits services, au contraire nous mortifier encore en cela, en cherchant les personnes qui nous agréent le moins, et faire tout cela sans qu'il y paraisse, sans singularité, sans affectation.

En allant et venant dans la maison, ne pas craindre de nous baisser pour ramasser une chose qui ne nous regarde pas, un service que tout le monde laisse ou qu'on n'a pas vu. Justement Notre-Seigneur nous le réserve, il faut le faire pour son amour. Être recueillie sans affectation, ne jamais causer au réfectoire, s'imposer une pénitence chaque fois qu’on y aura manqué ; ne jamais se plaindre de la nourriture, pensant que nous n’en méritons pas et que si l’on nous traitait comme nos péchés le demandent, nous serions à la porte : ce serait la seule place qui nous convienne.

En se servant au réfectoire, prendre toujours ce qui est devant soi, sans choisir ce qui nous plairait davantage. Ne passer aucun repas sans faire la part de l’Ange Gardien : une petite mortification, soit de prendre un morceau de pain qui ne nous convient pas, un fruit gâté qui se trouve devant nous, un morceau de viande trop petit, etc., etc. Notre-Seigneur nous donnera mille moyens de lui dire : Seigneur, je vous regarde et je fais cela pour vous... En disant les grâces ou le *Benedicite*, joindre les mains selon l’usage de la communauté, sans toucher sa taille, son tablier, etc., etc.

En travaillant, tâcher de faire activement ce que l’on fait, sans traîner et perdre le temps ; s’appliquer cependant, en pensant que c’est pour Dieu que nous travaillons.

Dans toutes nos actions, ne chercher à

plaire qu'à Dieu seul. Si nous recevons quelques reproches ou quelques humiliations, remercions Notre-Seigneur de nous faire connaître nos défauts et nos manquements, humilions-nous, en reconnaissant réellement que ce que l'on nous reproche n'est rien en comparaison de la vérité qui est dans notre cœur. Ne jamais s'excuser, quand on nous accuse d'une faute ; renoncer à sa manière de voir, céder à ses compagnes en tout ce qui n'est pas contraire à nos saintes Règles, préférer leur avis au nôtre.

Se faire un devoir de ne rien faire sans permission, s'appliquer à pratiquer la sainte pauvreté dans ses habits et dans tous les petits objets qui sont à notre usage. En marchant dans les rues, ne regarder personne en face, ne pas chercher ce qui contenterait notre sensualité. Offrir à Notre-Seigneur les petits sacrifices que nous pourrions si aisément lui faire, si son amour brûlait dans notre cœur.

Tâcher de mêler toujours quelques mortifications à tous nos plaisirs ; tant que nous serons ici-bas, nous serons exilées : un pauvre exilé peut-il être sans gémir, loin de sa patrie? Non, si quelquefois il sourit ou se mêle aux fêtes de la terre étrangère, son cœur et ses regards sont toujours tournés vers sa patrie...

En se couchant, faire de bonnes réflexions sur le sujet de la méditation du lendemain et penser aux pauvres qui ne sont pas si bien couchés que nous; et pour nous conformer un peu à Notre-Seigneur, ne pas chercher une position trop commode dans notre lit. Rejeter les pensées du monde qui viendraient nous assaillir avant de prendre notre repos. Offrir ce temps à Notre-Seigneur, afin qu'il le sanctifie et le bénisse, comme si chaque battement de notre cœur était un acte d'amour. Si l'on se réveille pendant la nuit, prier pour les pécheurs, pour les âmes du purgatoire qui souffrent horriblement pendant que nous reposons. Nous devons aussi offrir à Notre-Seigneur la chaleur accablante et tâcher de la supporter sans nous en plaindre, pensant aux flammes du purgatoire qui nous feront expier toutes nos infidélités et notre peu d'amour pour Dieu. Supporter le froid avec patience ; si nous souffrons quelque indisposition : comme la migraine, la fatigue, ne pas laisser paraître à l'extérieur ; supporter sans ennui et sans mauvaise humeur toutes les petites souffrances que Notre-Seigneur nous envoie comme une faible portion de son calice. Quand nous sentons une mauvaise odeur, ne pas témoigner qu'elle nous déplaît et se mortifier en la respirant.

Ne pas cueillir une fleur quand nous ne le devons pas, quand même ce serait pour orner l'autel de notre bonne Mère ; lui offrir cette petite privation, qui lui sera plus agréable que les plus belles fleurs de la terre. Quand nous demandons une permission, tâcher de se mettre bien dans la volonté d'obéir à ce que Dieu demande de nous. Si nous n'avons pas obtenu ce que nous désirions, l'offrir généreusement avec le désir de bien se conformer à notre bon Maître.

Si une circonstance vient mettre notre cœur à de tristes épreuves, unissons nos peines à Jésus agonisant, disons-lui toutes nos angoisses, montrons-lui les plaies de notre cœur, et acceptons avec courage tout ce qu'il plaît au divin Maître de nous donner. Tâchons de ne pas nous plaindre aux créatures, nous perdrions tout notre mérite. Prions Jésus de souffrir avec nous ; qu'il purifie notre âme, qu'il la fortifie, afin qu'elle arrive bientôt à la céleste communion, où il nous sera donné de n'avoir plus de préparation, mais toujours des actions de grâces éternelles !..... Amen !

CHAPITRE XXVI

**Lettres au sujet de Sœur Stéphanie,
ou écrites par elle.**

———

Ma chère et bonne mère,

Je comprends trop que le seul moyen de vous dédommager des privations de votre solitude, c'est de vous écrire, surtout quand je n'ai pas de lettres vivantes à vous envoyer.

Notre Stéphanie va toujours très bien, je vais vous le prouver par une petite histoire.

Avec sa mère, les détails ne sont pas à craindre; il en faut même, pour satisfaire son cœur.

Il y a quelques jours, c'était le 14 septembre, vers midi, nous nous mettions à table..... Je me souviens qu'à l'âge de cinq ou

six ans, vous me disiez, chère maman,
qu'une personne bien élevée était modeste
à table ; je l'entends encore, c'était à un
dîner, chez bon Papa. Eh ! bien, cette si
bonne leçon, il faut la mettre en pratique
plus sérieusement en communauté que dans
le monde. Généralement, nous l'observons
si bien, qu'un jour, et il n'y a pas trois mois,
un évêque, son grand-vicaire, notre très
honoré Père, notre Mère générale ont fait
le tour du réfectoire sans rencontrer un
regard. Vous voyez donc que nous baissons
les yeux. Or, le jour de l'Exaltation de la
Sainte-Croix, je m'asseyais pour dîner, je
sens les yeux qui me tirent et quelque chose
me disait : Regarde, regarde donc, là vis-à-
vis ! Et moi de vouloir résister à la tentation... Regarde donc, répétait-elle. Et moi
de répondre : Qu'ai-je à voir, rien d'intéres-
sant. Une troisième épreuve survient, je
succombe... Qui est en face de moi ? Stéphanie, qui se disait : « Ah ! comme Joséphine sera attrapée ! » Et je l'étais en effet,
car au plaisir de l'avoir si près, à la douce
pensée de surveiller si elle mangeait, etc.,

succède la pensée du motif de son changement de réfectoire... C'est qu'elle était
lectrice... Le soir arrive : au milieu du
souper ma Stéphanie monte en chaire
pour relever la lectrice qui avait com-
mencé, et nous fait entendre une petite
voix, un peu tremblante d'abord, mais qui
se rassure, qui se fortifie, qui oublie bientôt sa petite personne pour faire comprendre ce qu'elle lit à toutes celles qui
sont au réfectoire.

J'étais en inquiétude les premiers jours,
je craignais la fatigue, l'enrouement, le mal
de dos, de tête, de poitrine, etc., etc. Rien
de tout cela n'arrive.

Stéphanie lit tous les soirs, 20, 25 ou 28
minutes, sans accident; n'est-ce pas un petit
miracle ? C'est au moins une grâce obtenue
par la Mère de miséricorde. Oh ! qu'elle
est bonne Marie !...

Voyez, chère petite mère, comme le bon
Dieu la veut, et comme il en donne des
preuves, puisqu'il lui envoie à proportion
tout ce dont elle a besoin.....

Mon cher oncle se porte bien, il vous dit

les choses les plus affectueuses ; quand vous
lui écrirez il vous répondra ; cela veut dire,
chère maman, que vous ne lui avez pas écrit
depuis sa dernière lettre.

Ce bon et cher oncle m'a annoncé que
Joséphine Gautier est ici à l'hôtel de Metz ;
il va y aller, et il serait bien aise que j'y
allasse aussi. La permission ne m'en a pas
été accordée, parce que la chose ne présen-
tait pas de nécessité. Pauvre cousine ! Je
prends bien part à la croix que Dieu lui
impose. Être toujours au lit n'est pas une
vie de satisfaction.

Ah! chère petite mère, que le bon Maître
ne permette pas que vous tombiez malade,
mais qu'il continue à vous donner force
et assistance ; c'est ce que je lui demande
souvent.

23 septembre. — Puisque ma lettre n'est
pas encore partie, voici une bonne nouvelle :
Stéphanie a passé la nuit à l'infirmerie du
séminaire : vous la connaissez, chère maman. Eh bien ! votre Benjamin, au lieu d'y
être malade, a veillé celles qui le sont, et ce

matin, accompagnant le médecin, chacune me disait : « La veilleuse nous a si bien soignées, que nous avons passé une bonne nuit. »

(*Midi 1/2*). Je viens de la voir, elle n'est pas du tout fatiguée.

Adieu, chère petite mère ; que le bon Dieu vous aide toujours et vous tienne compagnie. C'est le vœu de

Votre fille respectueuse et aimante,

Sr JOSÉPHINE.

———

Paris, 19 mars 1854.

Œuvre des Saints-Anges, rue de Vaugirard, 183.

Ma bien chère maman,

Je suis restée quelques jours sans t'écrire, parce que je savais que Joséphine l'avait fait dès ma sortie de retraite. Eh bien, chère petite mère, es-tu contente ? Je crois que le bon Dieu nous a toutes gâtées. Voilà bientôt huit jours que je suis aux Saints Anges ; ils ont été employés à courir de tous côtés. Jeudi nous étions à Saint-Cloud, nous y avons passé la journée. Cependant deux places étaient toujours vides autour de nous : c'était toi et Séraphine. Comme tu aurais été heureuse de nous voir toutes les quatre revêtues du saint habit !...

Mais il y a toujours, à côté des joies du ciel, un grand sacrifice qui a précédé... Ce qui nous faisait du bien, c'était de penser à toi... Nous nous rappelions tant de choses que tu disais ; chacune apportait son petit souvenir... La Supérieure de Léopoldine est une bien bonne personne, tu seras bien aise de la connaître, elle regarde ma sœur comme son enfant.

Nous avons beaucoup parlé de A... Pauvre femme ! Elle ne peut vivre longtemps dans cet état ! Tu fais aussi la Sœur de Charité près d'elle, ce sera une consolation de la voir mourir dans des sentiments de piété. Dis-lui bien que nous pensons beaucoup à elle, et que nous prions souvent pour Delphine. Je crois qu'elle aura du courage pour soutenir la fatigue qu'elle doit éprouver ; car elle est bien seule.

Je ne t'ai encore rien dit de notre petite maison des Saints-Anges. Ah ! ce sera dans quelques mois un petit bijou. Tout est neuf. La chapelle n'est pas encore terminée ; les Sœurs sont jeunes. La Supérieure est compagne de séminaire de Joséphine. Elle est aux plus petits soins pour ses chères filles ; si on tousse près d'elle, elle en souffre plus que nous. Oh ! tu verras comme elle est bonne ! Elle se nomme Sœur Euphrasie Poulet, et notre Mère générale, en me donnant à elle, lui a dit : « Tenez, ce sera tous des *petits poulets* ensemble ; on dirait qu'elles ont été taillées sur le même modèle. » C'est te dire, chère mère, qu'elle est délicate ; ainsi ne te figure pas une grosse Mère Brulé, mais une petite Sœur Poulet.

Nous avons soixante enfants toutes bien frêles ; il y en a vingt qui n'ont pas sept ans. On les reçoit dès l'âge de deux ans. Les pauvres petites ne savent rien ; à peine si les plus grandes lisent couramment. Tu vois que j'aurai de quoi exercer ma patience. Tu sais comme je désirais instruire les enfants, le bon Dieu m'a bien partagée. Mais ne crains pas que je me fatigue, car je ne sais encore quand j'entrerai en fonctions. La classe n'est pas encore préparée, les ouvriers ont suspendu les travaux faute d'argent, les fondateurs font attendre. Il y a un an que ce sont les Sœurs qui soignent ces enfants ; avant, c'étaient des demoiselles qui se déchargeaient sur des jeunes filles qui laissaient aller tout à l'abandon ; aussi nos Sœurs me disent qu'elles ont eu bien des peines à organiser leur petite maison, qui ne va pas mal maintenant.

Te voilà bien au courant de nos petites affaires, une maison de quatre Sœurs n'est pas effrayante : ma Sœur Euphrasie, ma Sœur Joseph, ma Sœur Marie, et ma Sœur Stéphanie. Si tu savais, chère mère, comme je suis heureuse ! Je la tiens enfin, cette cornette tant désirée ! C'est une vie si sainte et si nouvelle tout à la fois que je me sens disposée à tout ce que le bon Dieu me demande, tous les malheureux sont mon héritage, les malades et les pauvres mon unique pensée.

Hier, j'allais au dortoir des enfants avec ma Sœur Marie, je couchais une petite de deux ans. Elle faisait sa prière. Elle avait tant d'innocence peinte sur la figure que je croyais voir Notre-Seigneur qui disait : « Ce que vous ferez au plus petit des miens, c'est à moi-même que vous le ferez. » J'aime beaucoup à les faire prier pour les personnes que j'aime et que j'ai laissées ; bien sûr que leurs prières sont entendues de Dieu.

Nous avons quatre enfants malades. Une, jolie comme un ange, qui a seize ans : elle s'en va de la poitrine ; une autre de huit ans : ses deux pieds tombent en lambeaux ; la gangrène fait des progrès effrayants. Au moment de la panser, ce sont des gémissements terribles. Pauvre petite !

Je m'aperçois que je n'en finis pas, chère maman, et je ne t'ai pas encore parlé de M. l'abbé Pierre. Tu sais bien tout ce qu'il faut lui présenter de respects et de souvenirs. Dis-lui qu'il fasse prier son petit Raphaël pour Sœur Stéphanie des Saints-Anges, afin qu'elle se donne entièrement au bon Dieu. La bonne volonté y est ; mais la nature est si mauvaise qu'elle garde toujours son vilain cachet.

Enfin, bonne petite mère, aime bien tes filles ; elles sont heureuses de penser à la piété que le bon Dieu te donne, parce que tu acquiers pour le ciel un riche trésor.

Joséphine t'a écrit ; elle me charge de te dire encore un petit bonjour pour elle. Et Léopoldine, ah ! elle était bien heureuse de nous voir à Saint-Cloud ! Ma Sœur Gautarel, tu sais qu'elle ne sort jamais ? eh bien, elle est venue avec nous. Personne n'en croyait ses yeux ; il fallait le toucher pour le croire. Quelle bonté pour Joséphine ! toutes les Sœurs de la communauté s'en réjouissaient pour elle. Adieu, ma petite mère bien chérie ; je t'aime, tu sais ; je ne puis l'exprimer, mais je le dis au bon Dieu et lui seul me comprend.

Ta fille,

Sœur STÉPHANIE,
Ind. F. d. l. C., s. d. p. m.

Paris, 3 décembre 1854.

Ma bien chère maman,

Il est temps d'arriver, n'est-ce pas? Peut-être suis-je la dernière à venir fêter sainte Barbe; mais lorsque je te déclinerai mes raisons, mes excuses, *mes graves occupations*, tu es si bonne, si indulgente, que tu seras obligée de dire que j'ai raison.

Quand je reviens sur le passé et que je te vois aux Saints-Anges, je me demande si c'est vrai que je t'ai vue et possédée à mes côtés là où je suis maintenant à t'écrire, sur le petit bureau de ma classe. Et naturellement, mes pensées, ma reconnaissance, se portent vers Dieu, toujours si bon pour nous... Quel plaisir, chère mère, de t'avoir trouvée si bien portante, toujours la même, aussi pieuse, aussi résignée à la volonté divine! N'est-ce pas, ma petite mère, que tu es heureuse, et que tu éprouves un contentement intérieur d'avoir tout donné au bon Maître? Tu sais bien qu'il ne se laisse pas vaincre en générosité. Aussi tu seras tellement riche à la fin de tes jours, que j'espère bien qu'en qualité de ta plus petite fille, tu me tiendras bien serrée à tes côtés, afin que moi aussi j'aie part à tant d'abondance.

J'ai appris que tu avais été souffrante, depuis ton retour, et que tu *voulais* sortir malgré le mauvais temps. Chère petite mère, songe donc que si tu n'as pas soin de ta santé, tu nous feras bien souffrir, te sachant malade et ne pouvant te donner tous les soins nécessaires à notre tendresse.

Demain soir, à sept heures, tu entendras sonner à ta porte avec grand fracas, et tu verras entrer ta petite Stéphanie qui viendra t'embrasser de tout son cœur. Tu penses que cette visite ne sera visible que pour les bons Anges... mais tu le sauras.

Je t'apporte aussi, en fille prévoyante, tous les désirs, les souhaits, les vœux que mérite une mère bien-aimée, à l'occasion de la nouvelle année, qui s'approche.

Dis à l'oncle Pierre que je pense souvent aux bonnes choses qu'il m'a dites, que je suis toute résignée à la volonté de Dieu.

Notre chapelle est toujours sans son Hôte. Ah ! le bon Jésus se fait bien désirer !

Bonne petite mère, tu sais combien je t'aime. Je t'embrasse bien tendrement. Prie de tout ton cœur de mère pour tes trois filles, afin qu'elles soient toujours à Dieu et qu'elles fassent ta couronne là-haut.

Ta fille,

Sœur STÉPHANIE.

Paris, 4 mars 1853.

Ma bien chère maman,

Avant d'entrer en retraite, je viens te dire un petit bonjour et te prier de faire violence au Ciel pour ta mauvaise petite fille, qui quête de tous côtés des prières, mais surtout les plus ferventes. C'est ce soir que je vais à la communauté ; ainsi demain, quand tu me liras, je serai cloîtrée pour dix jours. Je la désire depuis longtemps, cette retraite ! Que c'est heureux de pouvoir, sans distractions, s'occuper de ses affaires spirituelles, en ayant tous les moyens ! Tu le diras à mes oncles, n'est-ce pas, bonne petite mère ? J'ai tant de confiance dans leurs prières !

J'ai reçu ta bonne petite lettre, je te remercie, ma bonne mère, tu es toujours la même. La mort de M. Triomville m'a bien édifiée. Je crois voir sa pauvre femme, triste à faire mal aux indifférents. Tu es toujours entourée de personnes dans l'affliction. Heureusement que tu as de la foi, et que tu sais consoler le pauvre cœur. Il n'y a rien de tel que les personnes qui ont été accablées d'épreuves : celles-là seules savent compatir.

La dernière lettre du cher oncle de Metz avait un cachet de tristesse qui m'a fait penser qu'il devait souffrir beaucoup. Le bon Dieu l'éprouve et le fait passer par le creuset. Il a tant de résignation et de piété que la douleur le fortifie.

Au revoir, bonne mère, mille choses à toutes nos bonnes familles. Mes respects à qui tu sais. Je t'embrasse de tout mon cœur.

Ta fille respectueuse,

Sœur Stéphanie,
Ind. F. d. l. C. s. d. p. m.

Paris, le 10 octobre 1855.

Ma bien chère maman,

Croirais-tu que notre petite maison s'est transformée en une grande de vingt Sœurs? C'est impossible, me diras-tu. Voici le mystère : La main de Dieu nous a dispersées. Ma Sœur Poulet est à la Communauté avec mes deux compagnes. Et moi, je suis placée au Gros-Caillou chez ma Sœur Guillaume. Pour te faire un fidèle portrait de ma Sœur Supérieure, figure-toi notre bonne Mère Lucot, un peu plus petite, seulement toujours souffrante et beaucoup de ses manières. C'est tout dire à ton cœur de mère. Tu vas être heureuse. Tu sais que le bon Dieu conduit tout, et s'il a permis que je quitte ma Sœur Poulet, je crois qu'il a voulu me dédommager. Je suis en office aux enfants. Quarante-six petites filles me sont confiées. J'ai une compagne qui me paraît bien douce et bien bonne. C'est ma Sœur Justine. Je pensais souvent à notre amie. Pauvre Justine ! que Notre-Seigneur lui donne les moyens de suivre sa belle vocation !

M. l'abbé Bergmann est venu me voir dans notre nouvelle maison. Il veut te donner de grands détails ; il sait combien tu seras heureuse. Il a visité toute la maison, il a paru être content. Je crois qu'il ira à Metz dans peu de jours, et une de ses premières visites sera pour *Madame Lebrun*.

J'ai passé six semaines à Saint-Cloud. Ma Sœur Bernard a été admirable de bonté et de charité. Notre Léopoldine est bien soignée. Elle a eu huit jours de congé de plus en l'honneur de la prise de Sébastopol. Toutes les classes en ont eu autant. Elle se réjouissait de reprendre ses petites filles qui l'aiment beaucoup. Elle en fait ce qu'elle veut. Joséphine m'a accompagnée dans ma nouvelle maison, C'est ma Sœur Barbe qui m'y a conduite, et ma Sœur Bernard a voulu être de la partie.

Au revoir, bien chère maman. Je t'embrasse de tout mon cœur, et suis ta petite fille aimante dans le Cœur de Jésus et de Marie.   Sœur STÉPHANIE.

Paris, 16 juillet 1857.

Ma bien chère maman,

J'ai reçu une bonne visite ces jours-ci : M. et Mme Guemont ! Tu penses bien que j'ai demandé de longs détails sur tout ce qui te regarde ; ils sont assez rassurants, je n'ai qu'une chose à désirer : c'est que cela continue.

J'ai profité de la bonne occasion pour t'envoyer quelques images. Il y a quelques souvenirs de première communion, j'ai mis les noms des jeunes filles auxquelles je les destine. A M. l'abbé Bergmann, qui sait si bien faire le catéchisme et porter les âmes à Dieu : il verra que Marie le protège tout particulièrement. A toi, ma bonne mère, je t'envoie la charité pour le prochain. Tu peux faire comme tes filles, et, à ta manière, honorer les vertus de saint Vincent de Paul. C'est dimanche sa fête ; toute la grande famille de saint Vincent se réunira de tous les points du monde pour prier notre Père de nous bénir. Tu feras comme les Filles de la Charité qui ne sont point à Paris, tu enverras ton cœur auprès de sa châsse.

Je ne puis assez bénir le bon Dieu d'avoir mis tant de générosité dans le cœur de ma mère. Elle restait toute seule en donnant ses filles. Et voilà que la parole de la Mère Buchepot s'est réalisée : « Madame, votre tristesse se changera en joie ! » N'est-ce pas que le Seigneur est bon ? comme il est grand !... Que sera-ce donc de la récompense de l'autre vie, si, déjà en ce monde, il te donne tant de bénédictions !... Ma petite mère chérie, comme il fait bon aimer un Maître si généreux ! Soyons toujours à lui jusqu'à la fin de notre vie !

Ta fille qui t'aime,

Sœur STÉPHANIE.

Mai 1860.

Ma chère Stéphanie,

Tu as le cœur broyé de savoir notre bonne mère malade !... Tu espérais que Dieu ne pouvait t'envoyer un tel chagrin.

Je pense que c'est une épreuve. Le divin Maître attend, pour rendre la santé à notre sainte mère, que nous soyons abandonnées à ses adorables desseins.

Tu sais, chère amie, combien cette bonne mère a toujours été unie à Notre-Seigneur. Étant jeune, elle voulait se donner tout à lui dans notre chère communauté ; son père ne voulut jamais en entendre parler, lui proposant plusieurs mariages. Mademoiselle Touvre refusa plusieurs fois : enfin il fallut obéir ; cependant elle ne le fit que lorsque, dans une prière fervente, comme elle se plaignait au divin Maître de la violence qu'elle subissait, une voix intérieure lui dit d'être tranquille, que le bon Dieu réserverait à ses filles l'honneur de lui être consacrées... Ma pauvre mère, comme tu le sais, bien-aimée sœur, eut dix enfants ; elle devint veuve à quarante-six ans.

Peu de temps après que Séraphine était venue me rejoindre à la communauté, nous apprîmes qu'un des messieurs qui avaient demandé notre mère en mariage jadis, se trouvait veuf aussi et fit proposer à madame

Lebrun d'unir leurs dernières années, puisque les premières n'avaient pas eu de bonne chance pour lui.

C'était vers la fête de l'Assomption, ma chère mère se préoccupait du triomphe de la Reine du Ciel. Elle assistait aux offices à la cathédrale. Pendant la procession, en voyant la statue de Marie que l'on portait en pompe, elle s'élança de cœur vers l'auguste Vierge et lui dit : « Je vous remercie, « ma bonne Mère, de votre puissante pro- « tection pour mes filles. Les aînées sont à « vous, je veux marcher sur leurs traces, « et vous appartenir aussi. Recevez ma foi « et ma consécration. Je ne ne veux plus « sur la terre que les liens qui m'unissent à « vous et à votre divin Fils. »

Tu sais aussi bien que moi, chère sœur, combien cette bonne mère a été fidèle aux bonnes résolutions qui ont dû accompagner cette donation à notre divine Mère. Sa piété alla toujours en croissant ; maintenant elle faisait la sainte communion presque tous les jours, aussi est-elle un modèle d'édification à sa paroisse.

Confiance donc, ma chère Stéphanie, notre bonne mère sera bientôt guérie et nous en remercierons ensemble le meilleur et le plus savant des médecins.

Toute à toi.

Ta vieille sœur,

Sr JOSÉPHINE.

(La date de cette lettre nous rappelle que ce fut Stéphanie qui fit le sacrifice de sa vie, et que celle de sa bonne mère fut conservée encore quinze ans.)

CHAPITRE XVII

Mort de Madame Lebrun, mère de Sœur Stéphanie.

Paris, le 6 août 1875.

A M. B. T., à Vienne.

Ma bonne mère semblait avoir le pressentiment de sa mort prochaine, aussi voulait-elle s'assurer tous les secours de notre sainte religion pour son dernier jour. Et voyant qu'elle ne pouvait trouver à Paris un prêtre sur lequel elle pût compter, elle voulut que nous la fissions entrer dans une maison où nos Sœurs reçoivent les dames pensionnaires qui désirent vivre en retraite. Il y en a plusieurs dans Paris et aux environs. Je demandai à M. notre très honoré

Père la permission de m'occuper de cette affaire importante, et M. le Supérieur général me répondit d'un ton de prophète, de me hâter de satisfaire les justes désirs de ma bonne mère; qu'il me donnait plein pouvoir pour mener cela rondement.

Ma sœur et une de mes compagnes se mirent à chercher, et mon frère prononça pour Champigny, où il pensa que notre bonne mère serait mieux pour sa santé et pour les secours spirituels qu'elle désirait avec tant d'ardeur.

Nous transportâmes notre chère mère le 27 juillet dans cet établissement.

Elle supporta parfaitement ce voyage de deux heures, en voiture particulière. Sa chambre était tout près de la chapelle, où elle put se rendre avec nous, quoiqu'elle marchât difficilement, étant très faible des jambes. Nous avions, en la quittant, le cœur plein d'espérance. L'air, la situation de cette campagne, les bons soins, les secours religieux : tout allait la rajeunir... La bonne Supérieure et ses compagnes me promirent de me remplacer auprès de ma bonne mère, et je ne doutais pas de leur excellent cœur. Elles remplirent leurs promesses au-delà de mon attente, car elles l'appelaient *maman;* toutes les fois qu'elles allaient à la chapelle ou en revenaient, c'étaient toujours quelques paroles aimables et encourageantes qu'elles avaient à lui adresser.

Le dimanche matin, 1ᵉʳ août, ma chère compagne, Sœur Berrier, avait tout arrangé pour que je pusse aller passer quelques heures à Champigny. Je trouvai ma chère mère sur son fauteuil, en toilette, comme si elle attendait de grandes visites; je lui en fis la remarque, elle me répondit gaiement qu'elle ne pouvait pas en avoir une qui lui fût plus agréable que la mienne... Elle s'ennuyait un peu, la privation de la compagnie de ses enfants lui était très pénible. Ma belle-sœur, surtout, lui manquait; mais elle s'exhortait elle-même à faire à Dieu tous les sacrifices qu'il lui demandait, pour obtenir une bonne mort... Nous causâmes pendant près de deux heures. Nous nous entretenions du bonheur d'être à Dieu, de la récompense dont jouissent ses chères filles Séraphine et Stéphanie au ciel, des secours qu'elle en devait attendre, et aussi des prières de ses frères et de leurs souffrances.

Je lui rappelai les soins de la divine Providence pour elle et pour ses enfants, et la confiance qu'elle avait toujours montrée dans la miséricorde de Dieu qui ne manquerait jamais de se manifester quand elle lui demanderait secours. Ces souvenirs lui faisaient du bien et lui remontaient le courage. Elle m'a donné sa bénédiction avec un air si pieux et si vénérable que je ne puis m'empêcher de reconnaître avec consolation que c'était une grâce bien grande que Notre-Seigneur m'avait accordée de la recevoir.

Lorsque je fus partie, ma mère raconta à plusieurs dames qui vinrent la voir, combien elle était contente d'avoir passé une partie de la matinée avec sa fille aînée.

Le soir, elle soupa mieux qu'à l'ordinaire, ce qui ne l'empêcha pas de répéter qu'elle mourrait cette nuit même. A dix heures elle se sentit défaillir et demanda à sa garde si elle aurait le courage de la laisser mourir sans sacrements, et, la caressant : « Ma pe- « tite Pauline, allez appeler nos Sœurs, « elles verront bien que je n'ai que le temps « d'être administrée. Donnez-moi mon sca- « pulaire, et allez vite. » En effet, nos Sœurs se hâtèrent d'aller éveiller le missionnaire nouvellement arrivé dans la maison, qui dormait très profondément. Celui-ci est tout étonné de s'entendre dire par la ma- lade : « Monsieur ! je vous en prie, veuillez me confesser et m'administrer, car je vais mourir. » Ce bon prêtre lui répondit : « Madame, je ferai tout ce que vous vou- drez. » Ma bonne mère se confessa avec une présence d'esprit et un calme qui montraient sa belle âme, m'a-t-il dit lui-même. Il va chercher le bon Dieu. Pendant ce temps on court à la paroisse chercher les saintes huiles : il était plus de onze heures. M. le Curé se lève et a la bonté de les porter lui- même.

La chère mourante était si heureuse qu'elle ne pouvait contenir sa joie : « Mon Dieu ! s'écriait-elle, que vous êtes bon, que

je vous remercie! Monsieur le curé, donnez-
moi votre grande bénédiction. — Mais, madame, vous avez reçu Notre-Seigneur, qui
est venu lui-même vous bénir, Lui, la
source de toutes bénédictions; vous avez
reçu le sacrement des malades et même l'in-
dulgence de la bonne mort. Vous avez donc
tout reçu. — Oh! merci, monsieur le Curé,
je suis très heureuse, très contente, je vous
remercie. » Puis, s'entretenant avec son
Dieu, elle s'affaissait de plus en plus, jusqu'à
six heures et quart du matin, qu'elle s'en-
dormit, sans râle, sans mouvement, elle
csssa tout simplement de respirer.

Un reflet de béatitude se répandit sur son
corps inanimé. On pouvait dire: Elle n'est
plus, mais elle parle encore. La bonne Supérieure nous avait envoyé chercher à la première heure. Hélas! nous ne pûmes arriver
qu'à neuf heures. Nous trouvâmes déjà
glacée la dépouille de notre sainte mère,
mais elle était si belle que nous ne nous
lassions pas de la regarder.

Une dépêche avertit mon frère de notre
douleur. Il se hâta de venir y prendre part.

Il se conduisit en fils bon et respectueux.
Il demanda tout ce qu'il y avait de mieux
en funérailles.

Le glas, qui sonnait toutes les heures
depuis quatre heures du matin jusqu'à
onze heures que nous conduisîmes notre
mère à sa dernière demeure, et tous les beaux
chants si bien exécutés, me faisaient dire :
« O ma bonne mère, que ne pouvez-vous
entendre cette belle musique, voir ce beau
cortège et tout ce que l'on fait pour vous ! »
Je trouvais cela merveilleux, aux portes de
Paris, car les chantres et le clergé l'ont accompagnée à pied, le trajet était long et le
chant du *Miserere* se faisait entendre dans
tout le pays.

TABLE DES MATIÈRES

Paris. Imp. de l'Œuvre de St-Paul. L. Philipona, 51, r. de Lille.

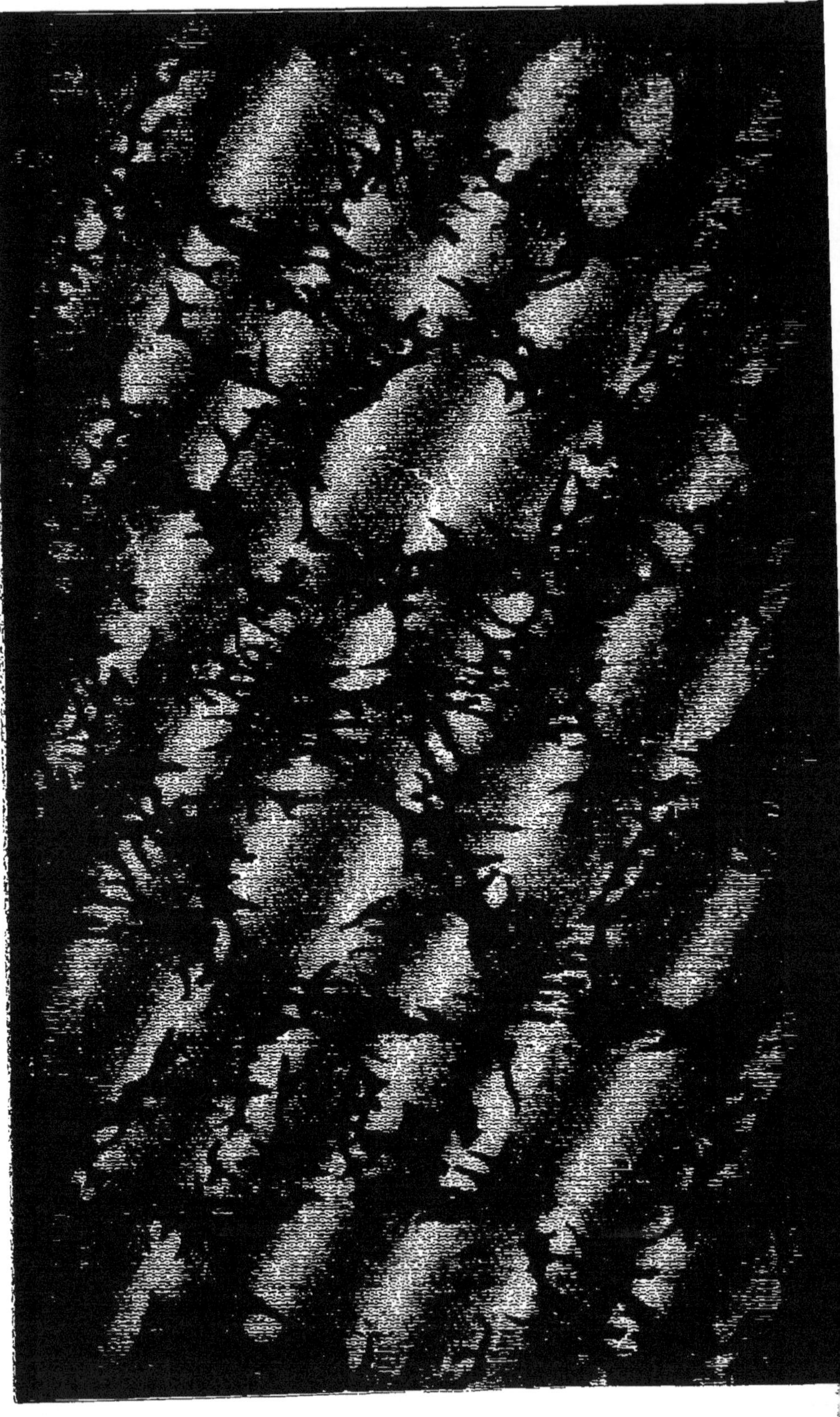

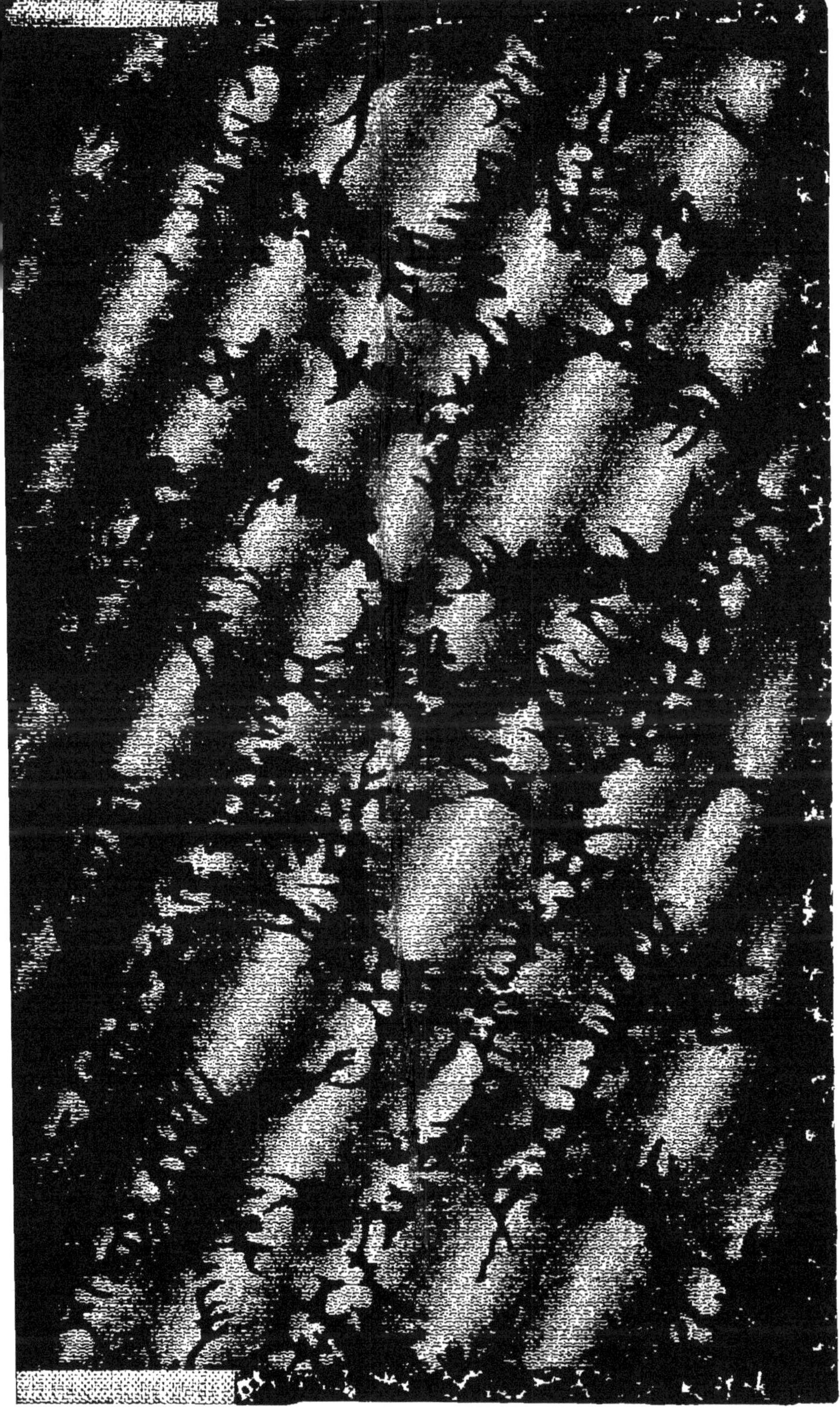

BIBLIOTHEQUE NATIONALE DE FRANCE
3 7502 00840262 2